改訂版
中国語
中級の一歩手前

布川雅英 監修

青野英美・浜田ゆみ 著

駿河台出版社
SURUGADAI SHUPPANSHA

音声について

本書の音声は、下記サイトより無料でダウンロード、
およびストリーミングでお聴きいただけます。

https://stream.e-surugadai.com/books/isbn978-4-411-03150-1/

....

＊ご注意
・PC からでも、iPhone や Android のスマートフォンからでも音声を再生いただけます。
・音声は何度でもダウンロード・再生いただくことができます。
・当音声ファイルのデータにかかる著作権・その他の権利は駿河台出版社に帰属します。
　無断での複製・公衆送信・転載は禁止されています。

装丁・本文デザイン・イラスト：小熊未央

は じ め に

　このテキストは、初級中国語を1年間学んだ学習者を対象に作られたものです。1年目の初級中国語で学習した語彙、文法を踏まえながら、更に準中級レベルへと無理なく進めるように配慮しました。

　このテキストの各課の構成は、次の通りです。

1. 単語　　　新出単語にピンインと日本語の意味を付けて一覧表にしてあります。

2. 本文　　　本文は「会話」と「短文」に分かれています。内容は、学習者にとって親しみやすい、大学生活に関するものです。

3. ポイント　本文に出てくる文法を例文付きでまとめてあります。例文を通して、具体的な用法が更に理解できるようになっています。

4. 練習問題　本文の内容の復習、新出単語の書き取りや発音の復習ができるようになっています。また、各課のポイントに関連した語の並べ替えや翻訳の問題によって、表現力がつくようになっています。

　更に、複文を効率的に覚えられるように、巻末に「よく使う複文のパターンを覚えましょう」を入れました。巻末には単語リストも付いています。

　テキストの音声は、ダウンロードやストリーミングで聞けるようになっています。予習・復習のために活用して下さい。

　本テキストを通して、学習者の皆さんが中国語の発音や表現に親しみ、近い将来中国人との会話やメールのやり取りが実現できることを願っています。

2022年11月

著　者

＊本テキストは『中国語　中級の一歩手前』（2015年初版）の改訂版です。

目录

本教材的主要人物

王军 Wáng Jūn（在日本。）：来自上海的交换留学生。

李明 Lǐ Míng（在中国。）：中国大学的学生。王军的好朋友。

田中庆子 Tiánzhōng Qìngzǐ：大学二年级的学生。王军的好朋友。

山本优华 Shānběn Yōuhuá：大学二年级的学生。田中的好朋友。

张老师 Zhāng lǎoshī：田中庆子、山本优华的汉语老师。

初級文法の復習

1年目で習った内容を確認しましょう。

【主述文】

1. 動詞述語文

(1) 我（　）学生。 私は学生です。　　(2) 他（　）（　）老师。 彼は先生ではない。

(3) 他（　）咖啡。 彼はコーヒーを飲む。　(4) 她（　）（　）蛋糕。 彼女はケーキを食べない。

2. 形容詞述語文

(1) 他的箱子（　）（　）。　　　彼のスーツケースは重い。

(2) 我的行李（　）（　）。　　　私の荷物は多くない。

(3) 我（　）（　）。　　　　　　私はとてもうれしい。

(4) 今天不太（　）。　　　　　　今日はあまり寒くない。

3. 主述述語文（〜は〜が〜だ）

(1) 北京冬天非常冷。　　　　（訳）...

(2) 他工作很忙。　　　　　　（訳）...

4. 名詞述語文

(1) 今天四月（　）号。　　　　　　　　　今日は4月〜日です。（今日の日付で）

(2) 这本书二十块。　　　　　　　　　　　この本は20元です。

5. 連動文

(1) 我（　）电车（　）学校。　　私は電車で学校に来る。

(2) 他（　）商店（　）东西。　　彼は店へ買い物をしに行く。

【疑問文】

1."吗"を使った疑問文

(1) あなたは中国人ですか。　　　...

(2) 明日彼は学校に来ますか。　　...

2. 疑問詞疑問文（疑問詞：什么，哪儿，谁，几，多少）

(1) 她去（　）？　　　　　　——她去银行。

(2) 这个熊猫（　）钱？　　　——二十块。

(3) 你买（　）？　　　　　　——我买可乐。

(4) 现在（　）点？　　　　　——十点半。

(5) 他是(　　　)? ——他是我弟弟。

3. 反復疑問文

(1) あなたは日本人ですか。　　　　你是不是日本人？

(2) あなたは携帯を持っていますか。　...

(3) あのパソコンは高いですか。　　...

4. 選択疑問文（〜ですか、それとも〜ですか）

(1) 你上午去(　　　)下午去？

(2) 你喜欢喝日本茶(　　　)喜欢喝中国茶？

【助動詞】（可以，会，能，想）

(1) 你会开车吗？　　　　　　(訳)...

(2) 明天他能来我家。　　　　(訳)...

(3) 房间里不可以吸烟。　　　(訳)...

(4) 我想看书。　　　　　　　(訳)...

【副詞】（也，都，还）

(1) 我们(　)喜欢看电影。　私たちは皆映画を見るのが好きだ。

(2) 他(　)是日本人。　　　彼も日本人だ。

(3) 她上午去天安门，下午(　)去天坛。
　　　彼女は午前に天安門に行き、午後は更に天壇公園に行く。

【前置詞】（离，在，给）

(1) 我们(　)大学学习汉语。　私たちは大学で中国語を学んでいる。

(2) 晚上我(　)你打电话。　　夜私はあなたに電話をします。

(3) 我家(　)车站很近。　　　私の家は駅から近い。

【助詞】（了，过）

(1) 你吃饭了吗？ ——吃了。　　(訳)...

(2) 她今天不舒服，所以不去了。　(訳)...

(3) 你去过中国吗？ ——我去过。　(訳)...

田中 的 春假
Tiánzhōng　de　chūnjià

単語 🔊01

春假	chūnjià	春休み
好久不见了	hǎo jiǔ bú jiàn le	お久しぶりです
留学	liúxué	留学する
情况	qíngkuàng	状況
刚	gāng	〜したばかり
时候	shíhou	時、頃
习惯	xíguàn	習慣、慣れる
寂寞	jìmò	寂しい
还可以	hái kěyǐ	まあまあ、なんとか
就是	jiùshi	ただ〜
比较	bǐjiào	比較的、わりと

短文単語

已经	yǐjing	すでに、もう
段	duàn	量詞（時間の長さ）
时间	shíjiān	時間
过	guò	過ごす

放假	fàngjià	休みになる
以后	yǐhòu	今後、〜の後
餐厅	cāntīng	レストラン
打工	dǎgōng	アルバイトをする
中午	zhōngwǔ	お昼、正午
上班	shàngbān	出勤する
下班	xiàbān	退勤する
加班	jiābān	残業する
老板	lǎobǎn	経営者
价格	jiàgé	価格
所以	suǒyǐ	だから
客人	kèrén	客
当然	dāngrán	もちろん、当然
觉得	juéde	〜と感じる
愉快	yúkuài	楽しい
祝	zhù	祈る、願う
假期	jiàqī	休みの期間

🔊02 会話 春休みになり、王軍は上海に戻り、友人の李明と会います。

王军： 李 明，好 久 不 见 了！
Wáng Jūn: Lǐ Míng, hǎo jiǔ bú jiàn le!

李明： 好 久 不 见 了！你 是 什么 时候 回来 的？
Lǐ Míng: Hǎo jiǔ bú jiàn le! Nǐ shì shénme shíhou huílai de?

王军： 我 回来 两 个 星期 了。
Wǒ huílai liǎng ge xīngqī le.

李明： 你 在 日本 留学 的 情况 怎么样？
Nǐ zài Rìběn liúxué de qíngkuàng zěnmeyàng?

王军： 刚 去 日本 的 时候 不 习惯，没 有 朋友，很 寂寞。
Gāng qù Rìběn de shíhou bù xíguàn, méi yǒu péngyou, hěn jìmò.

李明： 现在 习惯 了 吗？
Xiànzài xíguàn le ma?

王军： 习惯 了。我 有 一 个 好 朋友 叫 田中 庆子。
Xíguàn le. Wǒ yǒu yí ge hǎo péngyou jiào Tiánzhōng Qìngzǐ.

李明： 她 会 说 汉语 吗？
Tā huì shuō Hànyǔ ma?

王军： 会，她 汉语 说得 很 好。你 怎么样？
　　　 Huì, tā Hànyǔ shuōde hěn hǎo. Nǐ zěnmeyàng?

李明： 我 还 可以，就是 学习 比较 忙。
　　　 Wǒ hái kěyǐ, jiùshi xuéxí bǐjiào máng.

🔊 03 　短文　田中から王軍へのメール

王 军，你 好！
Wáng Jūn, nǐ hǎo!

你 回 中国 已经 两 个 星期 了。这 段 时间，你 过得 怎么样？
Nǐ huí Zhōngguó yǐjing liǎng ge xīngqī le. Zhè duàn shíjiān, nǐ guòde zěnmeyàng?

放假 以后，我 在 一 家 中国 餐厅 打工。这 家 餐厅 离 我 家
Fàngjià yǐhòu, wǒ zài yì jiā Zhōngguó cāntīng dǎgōng. Zhè jiā cāntīng lí wǒ jiā

很 近。中午 12 点 半 上班，晚上 8 点 半 下班，有时 加班。
hěn jìn. Zhōngwǔ shí'èr diǎn bàn shàngbān, wǎnshang bā diǎn bàn xiàbān, yǒushí jiābān.

这 家 餐厅 的 老板 是 中国人。餐厅 的 菜 很 好吃，价格 也 很
Zhè jiā cāntīng de lǎobǎn shì Zhōngguórén Cāntīng de cài hěn hǎochī, jiàgé yě hěn

便宜，所以 客人 很 多。当然，我 也 很 忙，很 累，但是 我 觉得
piányi, suǒyǐ kèrén hěn duō. Dāngrán, wǒ yě hěn máng, hěn lèi, dànshì wǒ juéde

很 愉快。
hěn yúkuài.

你 什么 时候 回来？回来 以后，请 给 我 打 电话。
Nǐ shénme shíhou huílai? Huílai yǐhòu, qǐng gěi wǒ dǎ diànhuà.

祝 你 假期 愉快！
Zhù nǐ jiàqī yúkuài!

田中 庆子
Tiánzhōng Qìngzǐ

1 （已经）…了　もうすでに～だ、もうすでに～になっている

已经开学了。　　　　　　　Yǐjing kāixué le.
　もうすでに新学期が始まった。

他的孩子已经 6 岁了。　　Tā de háizi yǐjing liù suì le.
　彼の子供はもう6歳だ。

他不去中国了。　　　　　　Tā bú qù Zhōngguó le.
　彼は中国に行かないことになりました。

2 動詞＋「得」＋様態補語　（動作・行為の状態や様子を述べる補語。）～するのが～だ

他汉语说得怎么样？　　　　Tā Hànyǔ shuōde zěnmeyàng?
　彼は中国語を話すのはどうですか。

我跑得很慢。　　　　　　　Wǒ pǎode hěn màn.
　私は走るのが遅い。

他字写得很漂亮。　　　　　Tā zì xiěde hěn piàoliang.
　彼は字を書くのが上手です。

3 是…的　（すでに実現した動作の発生する時間、場所、手段、方法、原因などについて強調する構文。
"是"は肯定文では省略できる。）～したのだ

你是什么时候回来的？　　　Nǐ shì shénme shíhou huílai de?
　あなたはいつ戻って来たのですか。

这件衬衫是在上海买的。　　Zhè jiàn chènshān shì zài Shànghǎi mǎi de.
　このシャツは上海で買ったのです。

我是坐电车来的。　　　　　Wǒ shì zuò diànchē lái de.
　私は電車で来たのです。

4 就是…　ただ～だ（全体に対して不足している一点を取り出して言う時に使う。）

日本很好，就是地震很多。　　　　Rìběn hěn hǎo, jiùshi dìzhèn hěn duō.
　日本はとても良いですが、ただ地震が多いです。

这个教室很好，就是有点儿冷。　　Zhège jiàoshì hěn hǎo, jiùshi yǒudiǎnr lěng.
　この教室はいいのですが、ただちょっと寒いです。

这个手机很好用，就是有点儿贵。　Zhège shǒujī hěn hǎoyòng, jiùshi yǒudiǎnr guì.
　この携帯は使いやすいけれど、ただちょっと高いです。

1. 次の質問に中国語で答えましょう。

(1) 王军在日本留学的情况怎么样？　．．

(2) 王军的日本朋友叫什么名字？　．．

(3) 田中说汉语说得怎么样？　．．

(4) 田中在哪儿打工？　．．

2. 発音を聞いて、漢字とピンインで書きましょう。

(1) ．．．．．．．．．．　(2) ．．．．．．．．．．　(3) ．．．．．．．．．．　(4) ．．．．．．．．．．　(5) ．．．．．．．．．．

．．．．．．．．．．　　　　．．．．．．．．．．　　　　．．．．．．．．．．　　　　．．．．．．．．．．　　　　．．．．．．．．．．

(6) ．．．．．．．．．．　(7) ．．．．．．．．．．　(8) ．．．．．．．．．．　(9) ．．．．．．．．．．　(10) ．．．．．．．．．．

．．．．．．．．．．　　　　．．．．．．．．．．　　　　．．．．．．．．．．　　　　．．．．．．．．．．　　　　．．．．．．．．．．

3. 語を並べ替えて文を作りましょう。

(1) 彼女は中国語を話すのがうまい。
[汉语　很　她　得　说　好]
　Hànyǔ　hěn　tā　de　shuō　hǎo

．．

(2) 彼は北京に行ったばかりの頃は慣れなかった。
[他　时候　去　的　刚　北京　不习惯]
　tā　shíhou　qù　de　gāng　Běijīng　bù xíguàn

．．

(3) あのレストランの料理はとてもおいしい。
[餐厅　好吃　那家　菜　的　很]
　cāntīng　hǎochī　nà jiā　cài　de　hěn

．．

(4) 彼らは昨日帰宅したのです。
[是　回家　昨天　他们　的]
　shì　huí jiā　zuótiān　tāmen　de

．．

4. 中国語に訳しましょう。

(1) 私は疲れてはいないが、ただ少し眠い。（眠い：困 kùn）

．．

(2) 彼らは新学期が始まって（开学 kāixué）もう一週間になります。

．．

(3) 彼女はアルバイトを始めました。（开始 kāishǐ）

．．

新 学期
xīn　　xuéqī

単語 🔊04

新学期	xīn xuéqī	新学期
校园	xiàoyuán	校庭
樱花	yīnghuā	桜
开	kāi	咲く
真〜啊	zhēn~a	本当に〜ですね
漂亮	piàoliang	きれいだ
树	shù	木
一会儿	yíhuìr	少しの時間
课	kè	授業
选	xuǎn	選ぶ
门	mén	量詞（科目を数える）
比	bǐ	〜よりも
继续	jìxù	継続する
帮	bāng	助ける、手伝う
练习	liànxí	練習する
就	jiù	〜ならば〜だ

要求	yāoqiú	要求
严格	yángé	厳しい
没问题	méi wèntí	問題ない
教	jiāo	教える

短文単語

身体	shēntǐ	体、身体
开始	kāishǐ	始まる
年级	niánjí	学年、〜年生
盛开	shèngkāi	満開
季节	jìjié	季節
到处	dàochù	至る所
聊（天）	liáo(tiān)	お喋りする
拍	pāi	（写真を）撮る
照片	zhàopiàn	写真

🔊05 会話

王军：　校园 的 樱花 开得 真 漂亮 啊！
Wáng Jūn: Xiàoyuán de　yīnghuā kāide　zhēn piàoliang a!

田中：　是 啊，我们 在 樱花 树 下 坐 一会儿 吧。
Tiánzhōng: Shì　a,　wǒmen zài yīnghuā shù xià zuò　yíhuìr　ba.

王军：　好。（2人は木の下に座った。）这个 学期 的 课 都 选好 了 吗？
　　　　Hǎo.　　　　　　　　　　　　Zhège　xuéqī　de kè dōu xuǎnhǎo le　ma?

田中：　选好 了。我 这个 学期 上 十 门 课。你 呢？
　　　　Xuǎnhǎo le. Wǒ zhège　xuéqī shàng shí mén kè. Nǐ　ne?

王军：　我 比 你 多 一 门。
　　　　Wǒ bǐ nǐ duō yì mén.

田中：　我 还 继续 学习 汉语。
　　　　Wǒ hái　jìxù xuéxí Hànyǔ.

王军：　好 啊，我 可以 帮 你 练习。
　　　　Hǎo a,　wǒ kěyǐ bāng nǐ　liànxí.

田中：　那 你 就 是 我 的 汉语 老师 了。
　　　　Nà nǐ　jiù shì wǒ de Hànyǔ lǎoshī le.

王军：　（冗談で）我 要求 很 严格 啊。
　　　　　　　Wǒ yāoqiú hěn yángé a.

田中： 没 问题！我 教 你 日语 也 严格 点儿。
　　　 Méi wèntí! Wǒ jiāo nǐ Rìyǔ yě yángé diǎnr.

🔊06 **短文** 王軍から李明へのメール

李 明：
Lǐ Míng:

　　 身体 好 吗?
　　 Shēntǐ hǎo ma?

　　 新 学期 开始 了，我 也 是 二 年级 的 学生 了。
　　 Xīn xuéqī kāishǐ le, wǒ yě shì èr niánjí de xuésheng le.

　　 现在 是 樱花 盛开 的 季节，到处 都 能 看到 樱花。我们 校园 的
　　 Xiànzài shì yīnghuā shèngkāi de jìjié, dàochù dōu néng kàndào yīnghuā. Wǒmen xiàoyuán de
樱花 也 非常 漂亮。
yīnghuā yě fēicháng piàoliang.

　　 今天 我 见到了 好 友 田中。我们 坐在 樱花 树 下 聊了 一会儿。
　　 Jīntiān wǒ jiàndàole hǎo yǒu Tiánzhōng. Wǒmen zuòzài yīnghuā shù xià liáole yíhuìr.
这个 学期 的 课 我们 已经 选好 了。我 选了 十一 门 课，比 田中
Zhège xuéqī de kè wǒmen yǐjing xuǎnhǎo le. Wǒ xuǎnle shíyī mén kè, bǐ Tiánzhōng
多 一 门。我们 说好 这个 学期 我 教 她 汉语，她 教 我 日语。
duō yì mén. Wǒmen shuōhǎo zhège xuéqī wǒ jiāo tā Hànyǔ, tā jiāo wǒ Rìyǔ.

　　 我 拍了 几 张 樱花 的 照片，请 你 看看。
　　 Wǒ pāile jǐ zhāng yīnghuā de zhàopiàn, qǐng nǐ kànkan.

　　　　　　　　　　　　　　　　　　　　　　　　　　 王 军
　　　　　　　　　　　　　　　　　　　　　　　　　　 Wáng Jūn

13

1　数量補語 （動作行為の時間量や回数を表す補語）

我们在那儿坐一会儿吧。　　Wǒmen zài nàr zuò yíhuìr ba.
私たちはあそこでしばらく座りましょう。

请您再说一遍。　　Qǐng nín zài shuō yí biàn.
もう一度言ってください。

我去过两次北京。　　Wǒ qùguo liǎng cì Běijīng.
私は北京に2回行ったことがある。

＊"两次去过"は間違い。

2　「比」を使う比較文

我比你多一门课。　　Wǒ bǐ nǐ duō yì mén kè.
私はあなたより授業が一つ多い。

他比我高10公分。　　Tā bǐ wǒ gāo shí gōngfēn.
彼は私より10センチ高い。

我比弟弟大三岁。　　Wǒ bǐ dìdi dà sān suì.
私は弟より3歳年上です。

＊"我比弟弟三岁大。"は間違い。

3　結果補語 （動作行為の結果を表す補語）

选好　　xuǎnhǎo
選び終える

说好　　shuōhǎo
話し合って決定する

买到　　mǎidào
（買って）手に入れる

＊結果補語としてよく使われるもの
（1）　動詞：
　　到：目的の達成を表す　　买到 mǎidào　　找到 zhǎodào
　　完：〜し終える　　写完 xiěwán　　吃完 chīwán
　　懂：理解する　　听懂 tīngdǒng　　看懂 kàndǒng
（2）　形容詞：
　　错：間違える　　写错 xiěcuò　　说错 shuōcuò
　　好：申し分なく終える　　选好 xuǎnhǎo　　做好 zuòhǎo
　　干净：きれいになる　　洗干净 xǐgānjìng　　擦干净 cāgānjìng

1. 次の質問に中国語で答えましょう。

(1) 王军和田中看到了什么花？ ....

(2) 新学期的课他们都选好了吗？ ....

(3) 这个学期王军要上几门课？ ....

(4) 王军想帮田中学习汉语吗？ ....

2. 発音を聞いて、漢字とピンインで書きましょう。

(1) .... (2) .... (3) .... (4) .... (5) ....

....

(6) .... (7) .... (8) .... (9) .... (10) ....

....

3. 語を並べ替えて文を作りましょう。

(1) 彼はテレビを2時間見た。
[看了　他　两　小时　电视　个]
　kànle　tā　liǎng　xiǎoshí　diànshì　ge

....

(2) 昨日私は中国語の辞書を買わなかった。
[昨天　买到　我　汉语词典　没]
　zuótiān　mǎidào　wǒ　Hànyǔ cídiǎn　méi

....

(3) あなたは授業を何科目受けるつもりですか。
[课　你　上　几　打算　门]
　kè　nǐ　shàng　jǐ　dǎsuan　mén

....

(4) これはあれよりも少し安い。
[这个　一点儿　比　便宜　那个]
　zhège　yìdiǎnr　bǐ　piányi　nàge

....

4. 中国語に訳しましょう。

(1) 4月は桜が満開の季節です。

....

(2) 彼女は私より3歳年下です。

....

(3) 昨日私たちはもう話し合って決めました。

....

1
2
3
4
5
6
7
8
9
10
11
12

王军的生日
Wáng Jūn de shēngri

単語 🔊 07

生日	shēngri	誕生日
快乐	kuàilè	楽しい
记得	jìde	覚えている
送	sòng	送る、贈る
礼物	lǐwù	プレゼント
打开	dǎkāi	開ける
盒子	hézi	(小さい) 箱
啊	à	感嘆詞
相册	xiàngcè	アルバム
动漫	dòngmàn	アニメ
影碟	yǐngdié	DVD
生活	shēnghuó	生活
进步	jìnbù	進歩する
一定	yídìng	きっと、必ず
努力	nǔlì	努力する
来	lái	さあ
用	yòng	～で (～する)、使用する
一一二一茄子	yī—èr—qiézi	はい、チーズ

短文単語

多云转晴	duōyún zhuǎn qíng	曇りのち晴れ
祝贺	zhùhè	祝う
感动	gǎndòng	感動する
十分	shífēn	非常に、十分に
精美	jīngměi	凝っていて美しい
除了…以外，还…	chúle…yǐwài, hái…	～のほかに～も
带	dài	持つ、付いている
蛋糕	dàngāo	ケーキ
包 (饺子)	bāo (jiǎozi)	餃子を作る
拍照	pāi zhào	写真を撮る
留念	liúniàn	記念にする
把	bǎ	～を (～する)
放	fàng	置く
第一页	dì yī yè	トップページ
方法	fāngfǎ	方法

🔊 08 **会話** 王軍の誕生日に、田中と山本は王軍のところで誕生日を祝います。

田中：**王军，生日 快乐！**
Tiánzhōng: Wáng Jūn, shēngri kuàilè!

王军：**谢谢！谢谢 你们 记得 我 的 生日！**
Wáng Jūn: Xièxie! Xièxie nǐmen jìde wǒ de shēngri!

山本：**这 是 我 和 田中 送给 你 的 生日 礼物。**
Shānběn: Zhè shì wǒ hé Tiánzhōng sònggěi nǐ de shēngri lǐwù.

王军：**是 什么？**
Shì shénme?

田中：**你 打开 盒子 看看。**
Nǐ dǎkāi hézi kànkan.

王军：**啊，是 相册 和 动漫 影碟！**
À, shì xiàngcè hé dòngmàn yǐngdié!

田中：**不 知道 你 喜欢 不 喜欢。**
Bù zhīdào nǐ xǐhuan bù xǐhuan.

王军： 太 好 了！谢谢 你们！
Tài hǎo le! Xièxie nǐmen!

田中： 祝 你 在 日本 生活 愉快，学习 进步！
Zhù nǐ zài Rìběn shēnghuó yúkuài, xuéxí jìnbù!

王军： 谢谢，我 一定 努力。
Xièxie, wǒ yídìng nǔlì.

山本： 来，咱们 一起 拍 张 照片 吧。
Lái, zánmen yìqǐ pāi zhāng zhàopiàn ba.

田中： 对，用 汉语 说，(3人で一緒に) 一——二—茄子 !!
Duì, yòng Hànyǔ shuō, yī— èr— qiézi!!

① ② ❸ ④ ⑤ ⑥ ⑦ ⑧ ⑨ ⑩ ⑪ ⑫

🔊09 **短文** 王軍の日記

六 月 八 号 星期五 多云 转 晴
Liù yuè bā hào xīngqīwǔ duōyún zhuǎn qíng

今天 是 我 的 生日。
Jīntiān shì wǒ de shēngri.

田中 和 山本 来 祝贺 我 的 生日，我 非常 感动。她们 送给 我
Tiánzhōng hé Shānběn lái zhùhè wǒ de shēngri, wǒ fēicháng gǎndòng. Tāmen sònggěi wǒ

的 相册 十分 精美，动漫 的 影碟 我 也 非常 喜欢。除了 相册 和
de xiàngcè shífēn jīngměi, dòngmàn de yǐngdié wǒ yě fēicháng xǐhuan. Chúle xiàngcè hé

影碟 以外，她们 还 带来了 一 个 蛋糕。我 给 她们 包了 饺子，她们
yǐngdié yǐwài, tāmen hái dàilaile yí ge dàngāo. Wǒ gěi tāmen bāole jiǎozi, tāmen

都 说 很 好吃。
dōu shuō hěn hǎochī.

吃完 饭 以后，我们 还 拍照 留念。我 要 把 今天 的 照片 放在
Chīwán fàn yǐhòu, wǒmen hái pāi zhào liúniàn. Wǒ yào bǎ jīntiān de zhàopiàn fàngzài

这 本 相册 的 第 一 页。我 还 可以 看 动漫 学习 日语。这 也 是
zhè běn xiàngcè de dì yī yè. Wǒ hái kěyǐ kàn dòngmàn xuéxí Rìyǔ. Zhè yě shì

学习 日语 的 好 方法。
xuéxí Rìyǔ de hǎo fāngfǎ.

1 **連動文** （一つの動作主に二つ以上の動詞または動詞句が連なる文）

你打开盒子看看。　　　　　　　　　Nǐ dǎkāi hézi kànkan.
　　箱をあけて見てみたら。

他骑自行车上班。　　　　　　　　　Tā qí zìxíngchē shàngbān.
　　彼は自転車で通勤します。

我每个星期一下午都去学习汉语。　　Wǒ měi ge xīngqīyī xiàwǔ dōu qù xuéxí Hànyǔ.
　　私は毎週月曜日の午後、中国語を勉強しに行きます。

2 「把」構文　～を～する、（ある動作の結果）～になる

我要把今天的照片放在第一页。　　Wǒ yào bǎ jīntiān de zhàopiàn fàngzài dì yī yè.
　　今日の写真をトップページに入れておきたい。

弟弟把我的蛋糕吃掉了。　　　　　Dìdi bǎ wǒ de dàngāo chīdiào le.
　　弟は私のケーキを食べてしまった。

我把手机忘在家里了。　　　　　　Wǒ bǎ shǒujī wàngzài jiāli le.
　　私は携帯を家に忘れてしまった。

3 -1　除了…以外，…都…　～を除いてみな～、～以外みな～

除了我以外，都是日本人。　　　　Chúle wǒ yǐwài, dōu shì Rìběnrén.
　　私以外みな日本人です。

我除了星期天以外，每天都去学校。
Wǒ chúle xīngqītiān yǐwài, měitiān dōu qù xuéxiào.
　　私は日曜日以外、毎日学校に行きます。

今天除了田中以外，都来了。　　　Jīntiān chúle Tiánzhōng yǐwài, dōu lái le.
　　今日は田中さん以外みな来ました。

3 -2　除了…以外，…还…　～のほかに～も

田中除了会说英语以外，还会说汉语。
Tiánzhōng chúle huì shuō Yīngyǔ yǐwài, hái huì shuō Hànyǔ.
　　田中さんは英語のほか中国語も話せます。

这次旅游，我们除了去北京、上海以外，还去西安。
Zhè cì lǚyóu, wǒmen chúle qù Běijīng、Shànghǎi yǐwài, hái qù Xī'ān.
　　今回の旅行では、私たちは北京、上海のほかに西安にも行きます。

她每天除了工作以外，还要做家务。
Tā měi tiān chúle gōngzuò yǐwài, hái yào zuò jiāwù.
　　彼女は毎日仕事のほか、家事もやらなければならない。

1. 次の質問に中国語で答えましょう。

(1) 田中和山本给谁祝贺生日？　...

(2) 王军的生日是几月几号？　...

(3) 她们送给王军什么礼物？　...

(4) 吃完饭以后，他们三个人还做什么了？　...

2. 発音を聞いて、漢字とピンインで書きましょう。

(1) ....　(2) ....　(3) ....　(4) ....　(5) ....

....　.................　.................　.................　.................

(6) ....　(7) ....　(8) ....　(9) ....　(10) ....

....　.................　.................　.................　.................

3. 語を並べ替えて文を作りましょう。

(1) これはあなたに贈るプレゼントです。　　［ 是　礼物　你　这　送给　的 ］
　　　　　　　　　　　　　　　　　　　　　　　shì　lǐwù　nǐ　zhè　sònggěi　de

....

(2) 彼女は携帯電話を机に置いた。
　　［ 手机　桌子上了　她　放在　把 ］
　　　shǒujī　zhuōzishang le　tā　fàngzài　bǎ

....

(3) 私は毎日電車に乗って大学に来る。
　　［ 每天　电车　大学　来　我　坐 ］
　　　měitiān　diànchē　dàxué　lái　wǒ　zuò

....

(4) これは中国語を学ぶよい方法だ。
　　［ 好方法　是　学习　这　的　汉语 ］
　　　hǎo fāngfǎ　shì　xuéxí　zhè　de　Hànyǔ

....

4. 中国語に訳しましょう。

(1) 彼女は日曜日以外は忙しいです。

....

(2) 今日は彼の誕生日で、私たちは彼にチョコレートケーキ(巧克力蛋糕 qiǎokèlì dàngāo)を買ってあげました。

....

(3) 私は教科書（课本 kèběn）を教室に忘れました。（"把" を使う）

....

19

买 笔记本 电脑
mǎi bǐjìběn diànnǎo

単語 🔊 10

笔记本电脑	bǐjìběn diànnǎo	ノートパソコン
着	zhe	～している、～してある
欢迎光临	huānyíng guānglín	いらっしゃいませ
看来	kànlái	見たところ～のようだ
进	jìn	入る
种类	zhǒnglèi	種類
种	zhǒng	量詞（種類を数える）
联想	Liánxiǎng	レノボ
才	cái	たった、わずか
日元	Rìyuán	日本円
便宜	piányi	安い
富士通	Fùshìtōng	富士通
再	zài	また
苹果	Píngguǒ	アップル
手机	shǒujī	携帯電話
电脑	diànnǎo	パソコン
连用	liányòng	連携する、同期する
方便	fāngbiàn	便利だ
受欢迎	shòu huānyíng	歓迎される、人気がある
欸	éi	語気詞

短文単語

进入	jìnrù	入る
梅雨期	méiyǔqī	梅雨時
下雨	xià yǔ	雨が降る
感觉	gǎnjué	～と感じる
有些	yǒuxiē	いくらか、少し
郁闷	yùmèn	気分がふさぐ
秋叶原	Qiūyèyuán	秋葉原
最	zuì	最も、一番
电器商店街	diànqì shāngdiànjiē	電気街
台	tái	量詞（機械、設備を数える）
中文	Zhōngwén	中国語
最后	zuìhòu	最後、最後に
决定	juédìng	決める、決定する
站	zhàn	立つ
旁边	pángbiān	そば、となり
售货员	shòuhuòyuán	店員
发	fā	出す、発送する
来信	láixìn	手紙をよこす

🔊 11 **会話** 王軍はノートパソコンを買いたいと思っています。田中は秋葉原で買うのがいいと言います。ある日曜日、彼らは秋葉原に行きました。

田中: 你 看，这儿 写着 "欢迎 光临"。看来，来 这儿 买 东西 的
Tiánzhōng: Nǐ kàn, zhèr xiězhe "huānyíng guānglín". Kànlái, lái zhèr mǎi dōngxi de

中国人 一定 很 多。
Zhōngguórén yídìng hěn duō.

王军: 走，进去 看看。
Wáng Jūn: Zǒu, jìnqu kànkan.

田中: 笔记本 电脑 的 种类 真 多 啊！
Bǐjìběn diànnǎo de zhǒnglèi zhēn duō a!

王军: 是 啊。这 种 "联想" 的 才 五万 五千 日元。
Shì a. Zhè zhǒng "Liánxiǎng" de cái wǔwàn wǔqiān Rìyuán.

田中: 真 便宜！这个 "富士通" 的 很 小 啊。"NEC" 的 也 很 漂亮。
Zhēn piányi! Zhège "Fùshìtōng" de hěn xiǎo a. "NEC" de yě hěn piàoliang.

王军： "富士通" 的 多少 钱？啊，七万 多 日元 啊！
"Fùshìtōng" de duōshao qián? A, qīwàn duō Rìyuán a!

田中： "富士通" 的 比 这个 "NEC" 的 便宜 两 万 日元。
"Fùshìtōng" de bǐ zhège "NEC" de piányi liǎng wàn Rìyuán.

王军： 再 看看 这个 "苹果" 的。
Zài kànkan zhège "Píngguǒ" de.

田中： 你 的 手机 也 是 "苹果" 的 吧？
Nǐ de shǒujī yě shì "Píngguǒ" de ba?

王军： 是 的。电脑 也 买 "苹果" 的 吧。
Shì de. Diànnǎo yě mǎi "Píngguǒ" de ba.

售货员： 对，"苹果" 手机 和 "苹果" 电脑 连用 很 方便，所以 很
shòuhuòyuán: Duì, "Píngguǒ" shǒujī hé "Píngguǒ" diànnǎo liányòng hěn fāngbiàn, suǒyǐ hěn

　　　　　 受 欢迎。
　　　　　 shòu huānyíng.

王军，田中： 欸，你 是 中国人 !?
Éi, nǐ shì Zhōngguórén!?

🔊 12 短文 王軍から李明へのメール

李 明：
Lǐ Míng:

　　你 好 吗？
　　Nǐ hǎo ma?

　　东京 已经 进入 梅雨期 了，这 几 天 每天 下 雨，感觉 有些 郁闷。
　　Dōngjīng yǐjing jìnrù méiyǔqī le, zhè jǐ tiān měitiān xià yǔ, gǎnjué yǒuxiē yùmèn.

　　今天 是 星期天，我 和 田中 一起 去了 秋叶原。秋叶原 是 东京
　　Jīntiān shì xīngqītiān, wǒ hé Tiánzhōng yìqǐ qùle Qiūyèyuán. Qiūyèyuán shì Dōngjīng

最 大 的 电器 商店街。来 这里 买 东西 的 中国人 很 多。我 想 在
zuì dà de diànqì shāngdiànjiē. Lái zhèlǐ mǎi dōngxi de Zhōngguórén hěn duō. Wǒ xiǎng zài

这里 买 一 台 笔记本 电脑。
zhèlǐ mǎi yì tái bǐjìběn diànnǎo.

　　我 和 田中 去 的 商店 用 中文 写着 "欢迎 光临"。 我们
　　Wǒ hé Tiánzhōng qù de shāngdiàn yòng Zhōngwén xiězhe "huānyíng guānglín". Wǒmen

看了 很 多 笔记本 电脑，最后 决定 买 一 台 "苹果" 的。我们 选完
kànle hěn duō bǐjìběn diànnǎo, zuìhòu juédìng mǎi yì tái "Píngguǒ" de. Wǒmen xuǎnwán

笔记本 电脑 以后 才 知道 站在 我们 旁边 的 售货员 是 中国人。
bǐjìběn diànnǎo yǐhòu cái zhīdao zhànzài wǒmen pángbiān de shòuhuòyuán shì Zhōngguórén.

　　我 在 秋叶原 拍了 两 张 照片，给 你 发过去。有 时间 来信。
　　Wǒ zài Qiūyèyuán pāile liǎng zhāng zhàopiàn, gěi nǐ fāguòqu. Yǒu shíjiān láixìn.

　　　　　　　　　　　　　　　　　　　　　　　王 军
　　　　　　　　　　　　　　　　　　　　　　　Wáng Jūn

1 「才」+ 数量 　たったの〜、まだ〜しかない（数量が少ないことを表す。）

这个笔记本电脑才五万日元。　　Zhège bǐjìběn diànnǎo cái wǔwàn Rìyuán.
このノートパソコンはたったの5万円です。

我的女儿才七岁。　　　　　　Wǒ de nǚ'ér cái qī suì.
私の娘はまだ7歳です。

他来日本才两个月。　　　　　Tā lái Rìběn cái liǎng ge yuè.
彼は日本に来てまだ2ヶ月です。

2 「才」+ 動詞 　ようやく、やっと

九点上课她九点半才来。　　Jiǔ diǎn shàngkè tā jiǔ diǎn bàn cái lái.
9時に授業が始まるのに彼女は9時半にやっと来た。

你怎么才吃午饭？　　　　　Nǐ zěnme cái chī wǔfàn?
どうして今頃になって昼ご飯を食べているのですか。

我用了两个小时才写好那封电子邮件。
Wǒ yòngle liǎng ge xiǎoshí cái xiěhǎo nà fēng diànzǐ yóujiàn.
私は2時間かけてやっとそのメールを書き上げた。

3 動詞 +「着」 　〜している、〜してある（状態の持続を表す。）

她穿着一条白色的裙子。　　Tā chuānzhe yì tiáo báisè de qúnzi.
彼女は白いスカートをはいている。

窗户开着呢。　　　　　　　Chuānghu kāizhe ne.
窓が開いています。

这儿写着"欢迎光临"。　　Zhèr xiězhe "huānyíng guānglín".
ここには「いらっしゃいませ」と書いてある。

4 存現文 　（人やものの出現、消失、またはある場所に存在することを表す文。）

桌子上放着一杯茶。　　　　Zhuōzishang fàngzhe yì bēi chá.
テーブルに一杯の茶が置いてある。

我们学校来了很多外国客人。　Wǒmen xuéxiào láile hěn duō wàiguó kèrén.
私たちの学校に外国人のお客さんが大勢きた。

电影院里坐满了人。　　　　Diànyǐngyuànli zuòmǎnle rén.
映画館は人がぎっしり座っている。

1. 次の質問に中国語で答えましょう。

(1) 王军想买什么？ ....

(2) 他们去的商店用中文写着什么？ ....

(3) 王军买了哪种笔记本电脑？ ....

(4) 他们选完笔记本电脑以后才知道什么？ ....

2. 発音を聞いて、漢字とピンインで書きましょう。

(1) .... (2) .... (3) .... (4) .... (5) ....

....

(6) .... (7) .... (8) .... (9) .... (10) ....

....

3. 語を並べ替えて文を作りましょう。

(1) あそこには何と書いてありますか。
[着　那儿　什么　写]
　zhe　nàr　shénme　xiě

....

(2) この製品は中国人にとても人気がある。
[产品　欢迎　中国人的　这种　很受]
　chǎnpǐn huānyíng Zhōngguórén de zhèzhǒng hěn shòu

....

(3) 私たちは秋葉原で多くの外国人観光客を見かけた。
[我们　很多　秋叶原　外国游客　看到了　在]
　wǒmen hěn duō Qiūyèyuán wàiguó yóukè kàndàole zài

....

(4) 彼らは日本に来てまだ一か月だ。
[才　他们　日本　一个月　来]
　cái　tāmen　Rìběn　yí ge yuè　lái

....

4. 中国語に訳しましょう。

(1) 東京はもう梅雨に入りましたか。

....

(2) テーブルに本が一冊置いてある。

....

(3) 彼女は昨日の夜 10 時にやっと帰宅した。（回家 huí jiā)

....

第 **5** 課 打工
dǎgōng

単語 🔊 13

过	guo	～したことがある
作	zuò	～とする、する
家教	jiājiào	家庭教師
辅导	fǔdǎo	学習を指導する
找	zhǎo	探す
这样	zhèyàng	このように、このような
公告栏	gōnggàolán	掲示板
外语	wàiyǔ	外国語
交流中心	jiāoliú zhōngxīn	コミュニケーションセンター
在…呢	zài…ne	～している
招聘	zhāopìn	募集する
辅导员	fǔdǎoyuán	補習指導員、チューター
真的	zhēn de	本当だ、本当に
早	zǎo	早い、早く
谁	shéi	（反語）誰が～か
埋怨	mányuàn	責める
意思	yìsi	意味
没什么	méi shénme	大丈夫、なんでもない
生气	shēngqì	怒る

短文単語

听说	tīngshuō	（～と）聞いている
大三	dà sān	大学三年生
班	bān	クラス
最近	zuìjìn	最近
发现	fāxiàn	気がつく
同学	tóngxué	クラスメート
介绍	jièshào	紹介する
份	fèn	量詞（仕事など）
初二	chū èr	中学二年生
女孩儿	nǚháir	女の子
数学	shùxué	数学
长	zhǎng	成長する
可爱	kě'ài	かわいい
而且	érqiě	しかも、そのうえ
聪明	cōngming	頭が良い
希望	xīwàng	望む、望み
考上	kǎoshàng	（試験に）受かる
第一志愿	dì yī zhìyuàn	第一志望
高中	gāozhōng	高校
保重	bǎozhòng	体を大事にする

🔊 14 **会話**

王军： 田中，我 想 打工，你 说 我 打 什么 工 好？
Wáng Jūn: Tiánzhōng, wǒ xiǎng dǎgōng, nǐ shuō wǒ dǎ shénme gōng hǎo?

田中： 你 在 中国 打过 工 吗？
Tiánzhōng: Nǐ zài Zhōngguó dǎguo gōng ma?

王军： 我 作过 一 年 家教。给 一 个 中学生 辅导 英语。
Wǒ zuòguo yì nián jiājiào. Gěi yí ge zhōngxuéshēng fǔdǎo Yīngyǔ.

田中： 那 你 可以 在 日本 辅导 中文 啊。
Nà nǐ kěyǐ zài Rìběn fǔdǎo Zhōngwén a.

王军： 可是，去 哪里 找 这样 的 工作 呢？
Kěshì, qù nǎli zhǎo zhèyàng de gōngzuò ne?

田中： 你 没 看 学校 的 公告栏 吗？咱们 学校 的 外语 交流
Nǐ méi kàn xuéxiào de gōnggàolán ma? Zánmen xuéxiào de wàiyǔ jiāoliú

中心 在 招聘 中文 辅导员 呢。
zhōngxīn zài zhāopìn Zhōngwén fǔdǎoyuán ne.

王军： 真 的 吗？
Zhēn de ma?

田中： 每天 中午 从 十二 点 半 到 一 点 半。
Měitiān zhōngwǔ cóng shí'èr diǎn bàn dào yī diǎn bàn.

王军： 你 怎么 不 早 说 呢？
Nǐ zěnme bù zǎo shuō ne?

田中： 谁 知道 你 要 打工 啊？
Shéi zhīdao nǐ yào dǎgōng a?

王军： 对不起！我 没有 埋怨 你 的 意思！
Duìbuqǐ! Wǒ méiyǒu mányuàn nǐ de yìsi!

田中： 没 什么。我 也 没 生 你 的 气。
Méi shénme. Wǒ yě méi shēng nǐ de qì.

🔊 15 短文 李明から王軍へのメール

王 军：你 好！
Wáng Jūn: Nǐ hǎo!

谢谢 你 发来 的 照片。
Xièxie nǐ fālai de zhàopiàn.

我 没 去过 日本，但是 听说过 秋叶原。我 还 听说 日本 的 很 多
Wǒ méi qùguo Rìběn, dànshì tīngshuōguo Qiūyèyuán. Wǒ hái tīngshuō Rìběn de hěn duō

大学生 都 打工，是 吗？
dàxuéshēng dōu dǎgōng, shì ma?

我 今年 是 大 三 了，大 一、大 二 的 时候 我们 班 打工 的 人
Wǒ jīnnián shì dà sān le, dà yī. dà èr de shíhou wǒmen bān dǎgōng de rén

还 很 少，可是 最近 发现 很 多 同学 都 在 打工。打工 的 同学 中
hái hěn shǎo, kěshì zuìjìn fāxiàn hěn duō tóngxué dōu zài dǎgōng. Dǎgōng de tóngxué zhōng

作 家教 的 很 多，所以 我 也 请 同学 介绍了 一 份。
zuò jiājiào dc hěn duō, suǒyǐ wǒ yě qǐng tóngxué jièshàole yí fèn.

我 辅导 的 是 一 个 初 二 女孩儿，一 个 星期 辅导 两 次，
Wǒ fǔdǎo de shì yí ge chū èr nǚháir, yí ge xīngqī fǔdǎo liǎng cì,

星期二 辅导 数学，星期五 辅导 英语。她 长得 很 可爱，而且 很
xīngqī'èr fǔdǎo shùxué, xīngqīwǔ fǔdǎo Yīngyǔ. Tā zhǎngde hěn kě'ài, érqiě hěn

聪明，进步 也 很 快。我 希望 她 能 考上 她 第 一 志愿 的 高中。
cōngming, jìnbù yě hěn kuài. Wǒ xīwàng tā néng kǎoshàng tā dì yī zhìyuàn de gāozhōng.

请 多 保重！
Qǐng duō bǎozhòng!

李 明
Lǐ Míng

1 在…呢 （今現在）～をしている

咱们学校的外语交流中心在招聘中文辅导员呢。

Zánmen xuéxiào de wàiyǔ jiāoliú zhōngxīn zài zhāopìn Zhōngwén fǔdǎoyuán ne.

うちの学校の外国語コミュニケーションセンターは中国語チューターを募集しているよ。

她在做饭呢。　　　　　　　　Tā zài zuò fàn ne.

彼女はご飯を作っている。

他们正在休息呢。　　　　　　Tāmen zhèngzài xiūxi ne.

彼らはちょうど休んでいます。

2 兼語文 （前の動詞の目的語が後の動詞の主語になる構造の文。）

我请老师纠正我的发音。　　Wǒ qǐng lǎoshī jiūzhèng wǒ de fāyīn.

先生に発音を直してもらう。

张老师让我们写作业。　　　Zhāng lǎoshī ràng wǒmen xiě zuòyè.

張先生は私たちに宿題をするようにと言いました。

王军帮助田中学习汉语。　　Wáng Jūn bāngzhù Tiánzhōng xuéxí Hànyǔ.

王軍は田中の中国語の勉強を手伝う。

3 反語の表現 （疑問文の形を用いて肯定または否定の感情を強調する。）

谁知道你要打工啊？　　　Shéi zhīdao nǐ yào dǎgōng a?

アルバイトをしたいだなんて知っている訳がないじゃないか。

你不是不吃饺子吗？　　　Nǐ bú shì bù chī jiǎozi ma?

餃子を食べないのではなかったの。

你没看学校的公告栏吗？　Nǐ méi kàn xuéxiào de gōnggàolán ma?

校内の掲示板を見なかったの。

4 離合詞 （動詞目的語構造を持ち、間に他の成分を挿入することができる二音節の連語。）

见面：我和她见过一面。　　jiànmiàn: Wǒ hé tā jiànguo yí miàn.

私は彼女と一回会ったことがある。

毕业：我是 2006 年毕的业。　bìyè: Wǒ shì èrlínglíngliù nián bì de yè.

私は 2006 年に卒業した。

睡觉：昨天晚上我睡了六个小时的觉。

shuìjiào: Zuótiān wǎnshang wǒ shuìle liù ge xiǎoshí de jiào.

夕べ私は 6 時間寝ました。

1. 次の質問に中国語で答えましょう。

(1) 王军想不想打工？

(2) 王军在中国打过工吗？

(3) 田中告诉王军什么消息？

(4) 李明也在作家教吗？

2. 発音を聞いて、漢字とピンインで書きましょう。

(1) .... (2) .... (3) .... (4) .... (5) ....

(6) .... (7) .... (8) .... (9) .... (10) ....

3. 語を並べ替えて文を作りましょう。

(1) 彼女は英語を勉強しています。
　　[学习　在　她　呢　英语]
　　　xuéxí　zài　tā　ne　Yīngyǔ

(2) 私は王軍さんに中国語の指導をしてもらう。
　　[我　辅导　汉语　王军　请]
　　　wǒ　fǔdǎo　Hànyǔ　Wáng Jūn　qǐng

(3) 彼が留学したいだなんて知っている訳がないだろう。
　　[谁　留学　啊　知道　他　去　要]
　　　shéi　liúxué　a　zhīdao　tā　qù　yào

(4) 母は弟が大学に受かることができるよう望んでいる。
　　[妈妈　弟弟　大学　希望　考上　能]
　　　māma　dìdi　dàxué　xīwàng　kǎoshàng　néng

4. 中国語に訳しましょう。

(1) 彼は引越しをしたことがない。(搬家 bānjiā →離合詞)

(2) 私たちのクラスはアルバイトをしている人がわりと（比較 bǐjiào）多い。

(3) 私は先生に仕事を紹介して頂きました。

第 6 课　她 打算 去 留学
tā　dǎsuan　qù　liúxué

単語 🔊 16

一直	yìzhí	ずっと、まっすぐ
打算	dǎsuan	～するつもり
怎么样	zěnmeyàng	どうですか
暑假	shǔjià	夏休み
正(在)	zhèng(zài)	ちょうど（～をしている）
办手续	bàn shǒuxù	手続きをする
合作	hézuò	協力（する）
交流	jiāoliú	交流（する）
项目	xiàngmù	プロジェクト
上旬	shàngxún	上旬
待	dāi	居る、滞在する
担心	dānxīn	心配する
懂	dǒng	わかる
不要紧	bú yàojǐn	大丈夫
如果	rúguǒ	もし～なら
什么	shénme	何か

困难	kùnnan	困ったこと、困難
帮助	bāngzhù	助ける、手伝う
放心	fàngxīn	安心する

短文単語

阴	yīn	曇り、曇る
闷热	mēnrè	蒸し暑い
以为	yǐwéi	～と思っていた
病	bìng	病気、病気になる
这些	zhèxiē	これら
国家	guójiā	国、国家
容易	róngyì	簡単だ
也许	yěxǔ	もしかしたら～かもしれない
会	huì	～だろう（可能性を示す）
快	kuài	速い
其实	qíshí	実は

🔊 17 会話

王军： 最近 一直 没 看到 你。你 怎么样 啊？
Wáng Jūn: Zuìjìn yìzhí méi kàndào nǐ. Nǐ zěnmeyàng a?

田中： 我 打算 暑假 去 中国 留学。现在 正在 办 手续 呢。
Tiánzhōng: Wǒ dǎsuan shǔjià qù Zhōngguó liúxué. Xiànzài zhèngzài bàn shǒuxù ne.

王军： 你 打算 去 哪儿 留学？
Nǐ dǎsuan qù nǎr liúxué?

田中： 我 想 去 上海。
Wǒ xiǎng qù Shànghǎi.

王军： 好 啊，你 想 去 哪个 大学？
Hǎo a, nǐ xiǎng qù nǎge dàxué?

田中： 我 想 去 上海 大学。上海 大学 和 我们 学校 有 合作
Wǒ xiǎng qù Shànghǎi Dàxué. Shànghǎi Dàxué hé wǒmen xuéxiào yǒu hézuò

交流 项目。
jiāoliú xiàngmù.

王军： 什么 时候 去？
Shénme shíhou qù?

田中：	八 月 一 号 去，九 月 上旬 回来。
	Bā yuè yī hào qù, jiǔ yuè shàngxún huílai.
王军：	可以 待 一 个 多 月。
	Kěyǐ dāi yí ge duō yuè.
田中：	我 担心 我 说 的 汉语 中国人 听不懂。
	Wǒ dānxīn wǒ shuō de Hànyǔ Zhōngguórén tīngbudǒng.
王军：	不 要紧，在 上海 如果 有 什么 困难，我 的 朋友 李 明
	Bú yàojǐn, zài Shànghǎi rúguǒ yǒu shénme kùnnan, wǒ de péngyou Lǐ Míng
	可以 帮助 你。
	kěyǐ bāngzhù nǐ.
田中：	太 好 了！那 我 就 放心 了。
	Tài hǎo le! Nà wǒ jiù fàngxīn le.

① ② ③ ④ ⑤ ⑥ ⑦ ⑧ ⑨ ⑩ ⑪ ⑫

🔊 18　短文　王军の日記

六 月 二十五 号 星期五 阴 闷热
Liù yuè èrshiwǔ hào xīngqīwǔ yīn mēnrè

最近 一直 没 见到 田中，我 以为 她 病 了。今天 见到了 她，
Zuìjìn yìzhí méi jiàndào Tiánzhōng, wǒ yǐwéi tā bìng le. Jīntiān jiàndàole tā,

她 说 暑假 想 去 上海 留学，现在 正在 办 留学 手续。
tā shuō shǔjià xiǎng qù Shànghǎi liúxué, xiànzài zhèngzài bàn liúxué shǒuxù.

上了 大 三 以后，很 多 同学 都 去 外国 留学。这些 学生
Shàngle dà sān yǐhòu, hěn duō tóngxué dōu qù wàiguó liúxué. Zhèxiē xuésheng

留学 回来 以后，外语 都 有 很 大 的 进步。我们 学校 和 很 多
liúxué huílai yǐhòu, wàiyǔ dōu yǒu hěn dà de jìnbù. Wǒmen xuéxiào hé hěn duō

国家 的 大学 都 有 合作 交流 项目，去 留学 比较 容易。
guójiā de dàxué dōu yǒu hézuò jiāoliú xiàngmù, qù liúxué bǐjiào róngyì.

田中 暑假 想 去 上海 大学 留学。她 担心 她 说 的 汉语 中国人
Tiánzhōng shǔjià xiǎng qù Shànghǎi Dàxué liúxué. Tā dānxīn tā shuō de Hànyǔ Zhōngguórén

听不懂。刚 去 的 时候 也许 会 这样，但是 很 快 就 会 习惯 的。
tīngbudǒng. Gāng qù de shíhou yěxǔ huì zhèyàng, dànshì hěn kuài jiù huì xíguàn de.

其实，我 不 希望 她 去 留学。如果 她 去 上海，我 会 很 寂寞 的。
Qíshí, wǒ bù xīwàng tā qù liúxué. Rúguǒ tā qù Shànghǎi, wǒ huì hěn jìmò de.

1 如果…(的话)，… もし〜なら

如果你有困难，李明可以帮助你。　　　Rúguǒ nǐ yǒu kùnnan, Lǐ Míng kěyǐ bāngzhù nǐ.
もし困った事があったら、李明があなたの力になるよ。

如果有时间的话，我想去旅游。　　　Rúguǒ yǒu shíjiān de huà, wǒ xiǎng qù lǚyóu.
もし時間があれば、旅行に行きたい。

如果她们去外国留学，我会很寂寞。　　Rúguǒ tāmen qù wàiguó liúxué, wǒ huì hěn jìmò.
もし彼女たちが海外留学に行ったら、私は寂しくなるでしょう。

2 以为… （実際とは違うように）思っていた

我以为今天会下雨，所以带来了雨伞。　Wǒ yǐwéi jīntiān huì xià yǔ, suǒyǐ dàilaile yǔsǎn.
今日は雨が降ると思って傘を持って来た。

我以为这个问题很简单，可是其实很难。
Wǒ yǐwéi zhège wèntí hěn jiǎndān, kěshì qíshí hěn nán.
この問題は簡単だと思っていたが、実は難しい。

我以为她病了，原来她在办留学手续。
Wǒ yǐwéi tā bìng le, yuánlái tā zài bàn liúxué shǒuxù.
彼女は病気だと思っていたが、なんと留学の手続きをしているのだ。

3 可能補語 （動詞と補語の間に"得"や"不"を挿入し、動作の結果が達成できるか否かを表す。）

听得懂　tīngdedǒng　　　　买得到　mǎidedào　　　　来得及　láidejí
听不懂　tīngbudǒng　　　　买不到　mǎibudào　　　　来不及　láibují

她说的汉语我们听不懂。　　　Tā shuō de Hànyǔ wǒmen tīngbudǒng.
彼女が話している中国語を私たちは聞いて理解できない。

在日本也买得到中文书。　　　Zài Rìběn yě mǎidedào Zhōngwén shū.
日本でも中国語の本が買える。

现在去机场已经来不及了。　　Xiànzài qù jīchǎng yǐjing láibují le.
今空港に行ってももう間に合わない。

4 会…(的) 〜のはずだ。〜だろう。

你没去过中国，开始也许会不习惯。　Nǐ méi qùguo Zhōngguó, kāishǐ yěxǔ huì bù xíguàn.
あなたは中国に行ったことがないので、最初は慣れないかもしれません。

你不去上课，老师会生气的。　　　　Nǐ bú qù shàngkè, lǎoshī huì shēngqì de.
君が授業に行かないと、先生は怒るだろう。

他学习很努力，一定会考上好大学的。Tā xuéxí hěn nǔlì, yídìng huì kǎoshàng hǎo dàxué de.
彼は勉強を頑張っているので、きっといい大学に受かるよ。

1. 次の質問に中国語で答えましょう。

(1) 田中打算去哪儿留学？

....

(2) 她想去哪个大学留学？

....

(3) 她担心什么？

....

(4) 王军为什么不希望田中去留学？

....

2. 発音を聞いて、漢字とピンインで書きましょう。

(1) ....　　(2) ....　　(3) ....　　(4) ....　　(5) ....

....　　　　................　　　　................　　　　................　　　　................

(6) ....　　(7) ....　　(8) ....　　(9) ....　　(10) ....

....　　　　................　　　　................　　　　................　　　　................

3. 語を並べ替えて文を作りましょう。

(1) 彼女は北京大学へ留学に行くつもりです。
　　［ 打算　　她　　留学　　北京大学　　去 ］
　　　dǎsuan　　tā　　liúxué　　Běijīng Dàxué　　qù

....

(2) 先生の話す中国語をあなたは聞いて理解できますか。（"老师"から文を始める）
　　［ 老师　　说　　听得懂　　的　　吗　　你　　汉语 ］
　　　lǎoshī　　shuō　　tīngdedǒng　　de　　ma　　nǐ　　Hànyǔ

....

(3) 私は今ちょうど手続きをしているところだ。
　　［ 手续　　正在　　我　　办　　现在　　呢 ］
　　　shǒuxù　　zhèngzài　　wǒ　　bàn　　xiànzài　　ne

....

(4) 明日はもしかしたら雨が降るかもしれない。　　［ 也许　　雨　　明天　　下　　会　　的 ］
　　　　　　　　　　　　　　　　　　　　　　　　　yěxǔ　　yǔ　　míngtiān　　xià　　huì　　de

....

4. 中国語に訳しましょう。

(1) もし時間があったら、私は小説（小说 xiǎoshuō）を読みたい。

....

(2) 心配しないで（别 bié）。彼がきっとあなたを助けてくれます。

....

(3) 私は田中さんは彼を知らない（不认识 bú rènshi）と思っていたが、なんと（原来 yuánlái）彼らはクラスメート（同学 tóngxué）だった。

....

住宿 登记
zhùsù　　dēngjì

単語 🔊 19

住宿	zhùsù	宿泊する		食堂	shítáng	食堂
登记	dēngjì	登録する		咖啡厅	kāfēitīng	喫茶店
住址	zhùzhǐ	住所		小卖部	xiǎomàibù	売店
登记表	dēngjìbiǎo	登録用紙				
护照号码	hùzhào hàomǎ	パスポート番号		**短文単語**		
一下	yíxià	ちょっと（～する）		教学楼	jiàoxuélóu	教室棟
单人房	dānrénfáng	シングルルーム		宿舍楼	sùshèlóu	寮
双人房	shuāngrénfáng	ツインルーム		教师	jiàoshī	教師
住	zhù	泊まる、住む		家属楼	jiāshǔlóu	家族棟
条件	tiáojiàn	条件		等	děng	など
空调	kōngtiáo	エアコン		门口	ménkǒu	出入り口
书架	shūjià	本棚		超市	chāoshì	スーパー
浴室	yùshì	浴室		干净	gānjìng	清潔だ、きれいだ
卫生间	wèishēngjiān	トイレ		韩国	Hánguó	韓国
上网	shàngwǎng	インターネットをする		不少	bù shǎo	少なくない
自由	zìyóu	自由に		顺利	shùnlì	順調だ
楼	lóu	2階以上の建物、階		不用	bú yòng	～する必要がない

🔊 20 **会話** 上海大学の留学生寮に着いた田中は、まず宿泊の手続きをします。留学生寮に泊まるには普通のホテルと同じように、名前、本国での住所とパスポート番号を記入する必要があります。

田中： 你 好! 我 是 从 日本 来 的 留学生。
Tiánzhōng: Nǐ hǎo! Wǒ shì cóng Rìběn lái de liúxuéshēng.

服务员： 您 好! 请 登记 一下。 请 把 您 的 名字 和 日本 的 住址
fúwùyuán: Nín hǎo! Qǐng dēngjì yíxià. Qǐng bǎ nín de míngzi hé Rìběn de zhùzhǐ

写在 这 张 登记表上, 护照 号码 也 写上。
xiězài zhè zhāng dēngjìbiǎoshang, hùzhào hàomǎ yě xiěshang.

田中： 请 你 看 一下 这样 写 对 不 对。
Qǐng nǐ kàn yíxià zhèyàng xiě duì bú duì.

服务员： 对。 有 单人房 和 双人房, 您 想 住 哪 种?
Duì. Yǒu dānrénfáng hé shuāngrénfáng, nín xiǎng zhù nǎ zhǒng?

田中： 我 想 住 单人房。 多少 钱?
Wǒ xiǎng zhù dānrénfáng. Duōshao qián?

服务员： 一 天 九十八 元。
Yì tiān jiǔshíbā yuán.

田中： 条件 怎么样?
Tiáojiàn zěnmeyàng?

服务员：有　电视、　空调、　书架　和　带　浴室　的　卫生间。
　　　　Yǒu　diànshì、　kōngtiáo、　shūjià　hé　dài　yùshì　de　wèishēngjiān.

田中：能　　上网　　吗？
　　　Néng　shàngwǎng　ma?

服务员：每　个　房间　都　可以　自由　上网。一楼　还　有　　留学生　食堂
　　　　Měi　ge　fángjiān dōu　kěyǐ　zìyóu shàngwǎng. Yī lóu　hái　yǒu　liúxuéshēng　shítáng

　　　　和　咖啡厅。
　　　　hé　kāfēitīng.

田中：有　没有　小卖部？
　　　Yǒu　méiyǒu　xiǎomàibù?

服务员：有，也　在　一　楼。您　的　房间　在　十三　楼，是　1 3 1 2　号。
　　　　Yǒu,　yě　zài　yī　lóu. Nín　de　fángjiān zài　shísān lóu,　shì　yāo sān yāo èr　hào.

🔊 21 　短文　田中から王軍へのメール

> 王　军：
> Wáng　Jūn:
>
> 　　你　好！
> 　　Nǐ　hǎo!
>
> 　　我　已经　到了　上海　大学。上海　大学　校园　真　大　啊！
> 　　Wǒ　yǐjing　dàole　Shànghǎi　Dàxué. Shànghǎi　Dàxué　xiàoyuán zhēn　dà　a!
>
> 除了　教学楼　以外，还　有　学生　宿舍楼、教师　家属楼、食堂　等。
> Chúle　jiàoxuélóu　yǐwài,　hái　yǒu　xuéshēng　sùshèlóu,　jiàoshī　jiāshǔlóu,　shítáng děng.
>
> 学校　门口　还　有　超市、邮局、银行　等，非常　方便。
> Xuéxiào ménkǒu hái　yǒu　chāoshì,　yóujú,　yínháng děng, fēicháng fāngbiàn.
>
> 　　我　住在　大学　的　留学生　宿舍里。宿舍　的　条件　不错，有　电视、
> 　　Wǒ　zhùzài　dàxué　de　liúxuéshēng　sùshèli. Sùshè　de　tiáojiàn búcuò,　yǒu diànshì、
>
> 空调　和　卫生间，还　可以　自由　上网。我　的　房间　不　太　大，但是
> kōngtiáo hé　wèishēngjiān, hái　kěyǐ　zìyóu shàngwǎng. Wǒ　de　fángjiān bú　tài　dà,　dànshì
>
> 很　干净。宿舍　的　一　楼　有　食堂、咖啡厅　和　小卖部。听说　宿舍里
> hěn　gānjìng. Sùshè　de　yī　lóu　yǒu　shítáng、kāfēitīng hé　xiǎomàibù. Tīngshuō sùshèli
>
> 韩国　留学生　最　多，日本　留学生　也　不　少。
> Hánguó liúxuéshēng zuì　duō,　Rìběn liúxuéshēng yě　bù　shǎo.
>
> 　　我　已经　给　李　明　打了　电话，他　说　他　有　时间　的　时候
> 　　Wǒ　yǐjing　gěi　Lǐ　Míng　dǎle　diànhuà,　tā　shuō　tā　yǒu　shíjiān　de　shíhou
>
> 来　看　我。我　很　顺利，不　用　担心。
> lái　kàn　wǒ. Wǒ　hěn　shùnlì,　bú　yòng dānxīn.
>
> 　　　　　　　　　　　　　　　　　　　田中　庆子
> 　　　　　　　　　　　　　　　　　　　Tiánzhōng Qìngzǐ

①
②
③
④
⑤
⑥
⑦
⑧
⑨
⑩
⑪
⑫

1 連体修飾語に付ける「的」 （複雑な連体修飾語に注意。）

我是从日本来的留学生。　　　　Wǒ shì cóng Rìběn lái de liúxuéshēng.
私は日本から来た留学生です。

这是张老师送给我的笔。　　　　Zhè shì Zhāng lǎoshī sònggěi wǒ de bǐ.
これは張先生が私に下さったペンです。

今天来买东西的人很多。　　　　Jīntiān lái mǎi dōngxi de rén hěn duō.
今日は買い物に来る人が多い。

2 请(你)…一下　ちょっと～してください。

请你等一下。　　　　　Qǐng nǐ děng yíxià.
ちょっと待ってください。

请你写一下。　　　　　Qǐng nǐ xiě yíxià.
ちょっと書いてください。

请你看一下。　　　　　Qǐng nǐ kàn yíxià.
ちょっと見てください。

3 存在を表す動詞「有」 （ある場所に何かが存在する。）

房间里有电视、空调和卫生间。　　Fángjiānli yǒu diànshì、kōngtiáo hé wèishēngjiān.
部屋にはテレビ、エアコンとトイレがある。

留学生宿舍有留学生食堂和咖啡厅。
Liúxuéshēng sùshè yǒu liúxuéshēng shítáng hé kāfēitīng.
留学生寮には留学生食堂と喫茶店がある。

教室里有很多学生。　　　　Jiàoshìli yǒu hěn duō xuésheng.
教室には学生がたくさんいる。

4 听说… （聞くところによると）～だそうです

听说他会说俄语。　　　　Tīngshuō tā huì shuō Éyǔ.
彼はロシア語を話せるそうです。

听说他们大学毕业以后就结婚了。　　Tīngshuō tāmen dàxué bìyè yǐhòu jiù jiéhūn le.
彼らは大学を卒業してからすぐ結婚したそうです。

听山本说车站附近新开了一家餐厅。
Tīng Shānběn shuō chēzhàn fùjìn xīn kāile yì jiā cāntīng.
山本さんの話によると、駅の近くにレストランが一軒新しくオープンしたそうです。

1. 次の質問に中国語で答えましょう。

(1) 田中来到了留学生宿舍，她想住哪一种房间？ ....

(2) 住单人房一天要多少钱？ ....

(3) 宿舍的房间里有什么？ ....

(4) 宿舍的一楼有什么？ ....

2. 次の表現を、語句を置き換えて練習しましょう。

(1) 我可以（住在这儿 / 问你一个问题 / 借你的书）吗？（借 jiè: 貸す、借りる）

(2) 请你（写 / 看 / 说明 / 帮助）一下。

(3) 房间里有（电视、空调和卫生间 / 一张桌子、一个书架和两把椅子 yǐzi)。

3. 発音を聞いて、漢字とピンインで書きましょう。

(1) .... (2) .... (3) .... (4) .... (5) ....

(6) .... (7) .... (8) .... (9) .... (10) ....

4. 語を並べ替えて文を作りましょう。

(1) あなたはどのセーターを買いたいですか。（セーター：毛衣）
　　［ 哪　想　你　一件　毛衣　买 ］
　　　nǎ　xiǎng　nǐ　yí jiàn　máoyī　mǎi

....

(2) 教室にはたくさんの留学生がいます。　［ 留学生　有　多　教室里　很 ］
　　　　　　　　　　　　　　　　　　　liúxuéshēng　yǒu　duō　jiàoshìli　hěn

....

(3) あなたの部屋は何階にありますか。　［ 在　的　几　房间　你　楼 ］
　　　　　　　　　　　　　　　　　　zài　de　jǐ　fángjiān　nǐ　lóu

....

5. 中国語に訳しましょう。

(1) 上海大学のキャンパスは広くて、そのうえ（而且 érqiě）きれいだそうです。

....

(2) 彼はアメリカ（美国 Měiguó）から来た留学生です。

....

(3) 今日は図書館（图书馆 túshūguǎn）に本を借りに行く学生が多いです。

....

问 路
wèn lù

単語 🔊 22

问路	wèn lù	道を聞く
豫园	Yùyuán	(観光名所)
游览	yóulǎn	遊覧する
小笼包	xiǎolóngbāo	小籠包
逛	guàng	ぶらつく
上海老街	Shànghǎi Lǎojiē	(観光名所)
延长路站	Yánchánglùzhàn	(駅名)
地铁	dìtiě	地下鉄
陕西南路站	Shǎnxīnánlùzhàn	(駅名)
然后	ránhòu	その後、それから
换	huàn	換える
记	jì	記す、メモする
先	xiān	まず、先に
福佑路	Fúyòulù	(道の名前)
沿着	yánzhe	～に沿って
十字路口	shízì lùkǒu	交差点
往～拐	wǎng～guǎi	～へ曲がる
穿过	chuānguò	横切る、突っ切る

短文単語

自由活动	zìyóu huódòng	自由時間
对	duì	～に対して
热情	rèqíng	親切である
有意思	yǒu yìsi	面白い
明朝	Míngcháo	(中国王朝の一つ)
修建	xiūjiàn	建てる
式	shì	～様式、～風
庭园	tíngyuán	庭園
一带	yídài	あたり、一帯
城隍庙	Chénghuángmiào	(観光名所)
大大小小	dàdàxiǎoxiǎo	大小様々
一些	yìxiē	少し、いくつか
礼品	lǐpǐn	プレゼント、土産物
感到	gǎndào	～と感じる
累	lèi	疲れている

🔊 23 **会話** 田中は豫園に行きたいと思っています。李明に電話して行き方を聞くことにしました。

田中： 喂，是 李 明 吗？我 是 田中。
Tiánzhōng: Wèi, shì Lǐ Míng ma? Wǒ shì Tiánzhōng.

李 明： 田中，你 好！
Lǐ Míng: Tiánzhōng, nǐ hǎo!

田中： 今天 下午 我 没 有 课，想 去 豫园 看看。
Jīntiān xiàwǔ wǒ méi yǒu kè, xiǎng qù Yùyuán kànkan.

李明： 好 啊。去 那儿 除了 可以 游览 豫园，还 可以 吃到 有名 的
Hǎo a. Qù nàr chúle kěyǐ yóulǎn Yùyuán, hái kěyǐ chīdào yǒumíng de

小笼包，逛 上海 老街。
xiǎolóngbāo, guàng Shànghǎi Lǎojiē.

田中： 你 知道 怎么 去 吗？
Nǐ zhīdao zěnme qù ma?

李明： 离 大学 最近 的 是 延长路站。你 从 延长路站 坐 地铁 一
Lí dàxué zuì jìn de shì Yánchánglùzhàn. Nǐ cóng Yánchánglùzhàn zuò dìtiě yī

号 线 到 陕西南路站，然后 在 陕西南路站 换 地铁 十 号 线，
hào xiàn dào Shǎnxīnánlùzhàn, ránhòu zài Shǎnxīnánlùzhàn huàn dìtiě shí hào xiàn,

坐到 豫园站 就 可以 了。
zuòdào Yùyuánzhàn jiù kěyǐ le.

田中： 对不起，我 记 一下。先 坐 地铁 一 号 线，然后 换 地铁 十
Duìbuqǐ, wǒ jì yíxià. Xiān zuò dìtiě yī hào xiàn, ránhòu huàn dìtiě shí

号 线。
hào xiàn.

李明： 对。
Duì.

田中： 出了 豫园站 怎么 走？
Chūle Yùyuánzhàn zěnme zǒu?

李明： 出了 豫园站 就 是 福佑路，沿着 福佑路 一直 走，在 第 二
Chūle Yùyuánzhàn jiù shì Fúyòulù, yánzhe Fúyòulù yìzhí zǒu, zài dì èr

个 十字 路口 往 右 拐，穿过 一 条 小路 就 到 了。
ge shízì lùkǒu wǎng yòu guǎi, chuānguò yì tiáo xiǎolù jiù dào le.

田中： 知道 了。谢谢！再见！
Zhīdao le Xièxie! Zàijiàn!

🔊 24 短文 田中の日記

八 月 八 号 星期三 晴
Bā yuè bā hào xīngqīsān qíng

来 上海 已经 一 个 星期 了。我们 每天 上午 上课，下午 自由
Lái Shànghǎi yǐjing yí ge xīngqī le. Wǒmen měitiān shàngwǔ shàngkè, xiàwǔ zìyóu

活动。老师 和 同学 对 我 都 很 热情，我 也 习惯 了 这样 的 留学
huódòng. Lǎoshī hé tóngxué duì wǒ dōu hěn rèqíng, wǒ yě xíguàn le zhèyàng de liúxué

生活。
shēnghuó.

听说 豫园 很 有 意思，今天 下课 以后 就 去 了。豫园 是 一 个
Tīngshuō Yùyuán hěn yǒu yìsi, jīntiān xiàkè yǐhòu jiù qù le. Yùyuán shì yí ge

明朝 修建 的 中国式 庭园，十分 漂亮。那 一带 除了 豫园 以外，还
Míngcháo xiūjiàn de Zhōngguóshì tíngyuán, shífēn piàoliang. Nà yídài chúle Yùyuán yǐwài, hái

有 城隍庙、 上海 老街、大大小小 的 商店、礼品店、饭店 等，非常
yǒu Chénghuángmiào、Shànghǎi Lǎojiē、dàdàxiǎoxiǎo de shāngdiàn、lǐpǐndiàn、 fàndiàn děng, fēicháng

热闹。
rènao.

我 看了 豫园 以后，在 城隍庙 旁边 的 小笼包店 吃了
Wǒ kànle Yùyuán yǐhòu, zài Chénghuángmiào pángbiān de xiǎolóngbāodiàn chīle

小笼包，然后 逛了 上海 老街，最后 买了 一些 中国式 的 小 礼品。
xiǎolóngbāo, ránhòu guàngle Shànghǎi Lǎojiē, zuìhòu mǎile yìxiē Zhōngguóshì de xiǎo lǐpǐn.

今天 逛了 很 长 时间，感到 很 累，但是 非常 愉快。
Jīntiān guàngle hěn cháng shíjiān, gǎndào hěn lèi, dànshì fēicháng yúkuài.

1 从…到…　～から～まで（時間にも空間にも使える。）

我每天从十点工作到六点。　Wǒ měitiān cóng shí diǎn gōngzuò dào liù diǎn.
私は毎日 10 時から 6 時まで働く。

从我家到车站要走十分钟。　Cóng wǒ jiā dào chēzhàn yào zǒu shí fēn zhōng.
家から駅まで歩いて 10 分かかる。

他从这个星期一到下个星期五去出差。
Tā cóng zhège xīngqīyī dào xià ge xīngqīwǔ qù chūchāi.
彼はこの月曜日から来週の金曜日まで出張に行く。

2 先…（再）…，然后（再）…　まず～して、それから～する（行動の順序を表す。）

早上起床以后，先洗脸再吃饭，然后换衣服。
Zǎoshang qǐchuáng yǐhòu, xiān xǐ liǎn zài chī fàn, ránhòu huàn yīfu.
朝起きてからまず顔を洗って、ご飯を食べて、それから着替える。

做菜的时候应该先把菜洗好、切好，然后再炒。
Zuò cài de shíhou yīnggāi xiān bǎ cài xǐhǎo、qiēhǎo, ránhòu zài chǎo.
料理をするときにはまず野菜を洗って切っておいて、それから炒める。

她回家以后先洗手、漱口，然后吃点心、做作业。
Tā huí jiā yǐhòu xiān xǐ shǒu、shù kǒu, ránhòu chī diǎnxīn、zuò zuòyè.
彼女は家に帰ってからまず手を洗いうがいをして、それからお菓子を食べて宿題をする。

3 「往」＋方向／場所＋動詞　～へ（に向かって）～する

从这儿一直往前走就是车站。　Cóng zhèr yìzhí wǎng qián zǒu jiù shì chēzhàn.
ここから前へまっすぐ行けば駅です。

在第二个十字路口往右拐，再走五十米左右就是银行。
Zài dì èr ge shízì lùkǒu wǎng yòu guǎi, zài zǒu wǔshí mǐ zuǒyòu jiù shì yínháng.
二つ目の交差点を右へ曲がってさらに 50 メートル位進めば銀行です。

她往这边看了一眼。　Tā wǎng zhèbiān kànle yì yǎn.
彼女はこちらへちらっと目をやった。

4 「对」＋名詞　～に対して

老师对我们很热情。　Lǎoshī duì wǒmen hěn rèqíng.
先生は私たちに対して親切である。

你对这个问题有什么看法？　Nǐ duì zhège wèntí yǒu shénme kànfǎ?
この問題についてのお考えは何ですか。

他对汉语感兴趣。　Tā duì Hànyǔ gǎn xìngqù.
彼は中国語に興味がある。

1. 本文の内容と合っていれば○、違っていれば×をつけましょう。

(1) 离大学最近的地铁站是豫园站。　　　　　　（　　）

(2) 田中去豫园应该在陕西南路站换一号线。　　（　　）

(3) 豫园是一个中国式的庭园。　　　　　　　　（　　）

(4) 田中看豫园以前吃了小笼包。　　　　　　　（　　）

2. 次の表現を、語句を置き換えて練習しましょう。

(1) 从你家到（学校 / 车站 / 超市）走着去要多长时间？（走着去：歩いて行く）

(2) 你在前面的十字路口往（左 / 右 / 东）拐就是车站。

(3) 我对（足球 / 中国文化 / 音乐）很感兴趣。

3. 発音を聞いて、漢字とピンインで書きましょう。

(1) .... 　(2) .... 　(3) .... 　(4) .... 　(5) ....

.... 　　.................... 　　.................... 　　.................... 　　....................

(6) .... 　(7) .... 　(8) .... 　(9) .... 　(10) ....

.... 　　.................... 　　.................... 　　.................... 　　....................

4. 語を並べ替えて文を作りましょう。

(1) 先に宿題を完成させて、それからテレビを見る。
[看　完　做　电视　先　然后　作业]
　kàn　wán　zuò　diànshì　xiān　ránhòu　zuòyè

....

(2) 最初の交差点で左へ曲がれば銀行です。
[左　十字路口　往　拐　就是　银行　第一个　在]
　zuǒ　shízì lùkǒu　wǎng　guǎi　jiù shì　yínháng　dì yī ge　zài

....

(3) 先生は私たちに対して結構厳しいです。　[严格　很　老师　对　我们]
　　　　　　　　　　　　　　　　　　　　　yángé　hěn　lǎoshī　duì　wǒmen

....

5. 中国語に訳しましょう。

(1) 12 階から 15 階までは女子学生（女生 nǚshēng）寮です。

....

(2) 先生は留学生に対してとても親切です。

....

(3) どうぞ皆さん、前のほうへ進んでください。

....

第 9 课 挂失

guàshī

単語 🔊 25

挂失	guàshī	紛失届を出す
警察	jǐngchá	警察
钱包	qiánbāo	財布
丢	diū	なくす
慢	màn	ゆっくり、遅い
被	bèi	～される
偷	tōu	盗む
大概	dàgài	たぶん
刚才	gāngcái	さきほど
姓名	xìngmíng	氏名
里面	lǐmian	なか
难说	nánshuō	何とも言えない
抓	zhuā	掴む、捕まえる
小偷儿	xiǎotōur	スリ
消息	xiāoxi	情報
联系	liánxì	連絡する
拜托	bàituō	お願いする

短文単語

酷热	kùrè	猛暑
倒霉	dǎoméi	運が悪い
人民币	rénmínbì	人民元
校园卡	xiàoyuánkǎ	キャンパスカード
交通卡	jiāotōngkǎ	交通カード
派出所	pàichūsuǒ	派出所
接待	jiēdài	受け付ける
一口气	yìkǒuqì	一気に
好几个	hǎo jǐ gè	幾つも
问题	wèntí	質問、問題
当时	dāngshí	その時、当時
又…又…	yòu…yòu…	～だし、また～だ
气	qì	怒る
急	jí	焦る
连…都…	lián…dōu…	～でさえも～だ
简单	jiǎndān	簡単だ
话	huà	話
得	děi	～しなくてはいけない
小心	xiǎoxīn	気をつける

🔊 26 **会話** 田中は店で買い物をして学校に戻る途中、財布がなくなったのに気がつきました。彼女は焦って、急いで警察に紛失届を出しに行きました。

田中： 警察 先生，我 的 钱包 丢 了。
Tiánzhōng: Jǐngchá xiānsheng, wǒ de qiánbāo diū le.

警察： 是 什么 时候 在 哪儿 丢 的？是 怎么 丢 的？
jǐngchá: Shì shénme shíhou zài nǎr diū de? Shì zěnme diū de?

田中： 请 慢 点儿 说，我 是 日本 来 的 留学生。我 的 汉语
Qǐng màn diǎnr shuō, wǒ shì Rìběn lái de liúxuéshēng. Wǒ de Hànyǔ

还 不 好。
hái bù hǎo.

警察： 噢，对不起。是 被 偷 的 吗？
Ò, duìbuqǐ. Shì bèi tōu de ma?

田中： 大概 是。刚才 我 买 东西 的 时候 还 有 呢。
Dàgài shì. Gāngcái wǒ mǎi dōngxi de shíhou hái yǒu ne.

警察： 你 先 登 一下 记。写上 你 的 姓名、住址、电话 号码、
Nǐ xiān dēng yíxià jì. Xiěshang nǐ de xìngmíng, zhùzhǐ, diànhuà hàomǎ,

里面 都 有 什么 东西、多少 钱 等。
lǐmian dōu yǒu shénme dōngxi, duōshao qián děng.

田中： 能 找回来 吗？
Néng zhǎohuílai ma?

警察： 很 难说。如果 是 被 偷 的，要 抓到 小偷儿 才 能 找到。
Hěn nánshuō. Rúguǒ shì bèi tōu de, yào zhuādào xiǎotōur cái néng zhǎodào.

田中： 你们 一定 要 抓到 小偷儿！
Nǐmen yídìng yào zhuādào xiǎotōur!

警察： 我们 会 努力 的。有了 消息 和 你 联系。
Wǒmen huì nǔlì de. Yǒule xiāoxi hé nǐ liánxì.

田中： 拜托 了。我 等着 你们 的 消息。
Bàituō le. Wǒ děngzhe nǐmen de xiāoxi.

🔊 27 短文 田中の日記

八 月 二十三 号 星期日 晴 三十九 度 酷热
Bā yuè èrshisān hào xīngqīrì qíng sānshijiǔ dù kùrè

今天 真 倒霉！
Jīntiān zhēn dǎoméi!

我 去 超市 买 东西 回来 的 时候，钱包 被 小偷儿 偷走 了。
Wǒ qù chāoshì mǎi dōngxi huílai de shíhou, qiánbāo bèi xiǎotōur tōuzǒu le.

钱包里 有 三百 多 元 人民币，还 有 校园卡 和 交通卡。
Qiánbāoli yǒu sānbǎi duō yuán rénmínbì, hái yǒu xiàoyuánkǎ hé jiāotōngkǎ.

我 发现 钱包 丢了 以后 就 去 派出所 挂失。接待 我 的 警察
Wǒ fāxiàn qiánbāo diūle yǐhòu jiù qù pàichūsuǒ guàshī. Jiēdài wǒ de jǐngchá

一口气 问了 我 好 几 个 问题。当时 我 又 气 又 急，连 很 简单 的
yìkǒuqì wènle wǒ hǎo jǐ gè wèntí. Dāngshí wǒ yòu qì yòu jí, lián hěn jiǎndān de

话 都 没 听懂。 登记 以后，我 问 警察 能 不 能 找到，他 说 他们
huà dōu méi tīngdǒng. Dēngjì yǐhòu, wǒ wèn jǐngchá néng bù néng zhǎodào, tā shuō tāmen

会 努力 抓 小偷儿 的。我 觉得 找回来 的 希望 不 大。
huì nǔlì zhuā xiǎotōur de. Wǒ juéde zhǎohuílai de xīwàng bú dà.

以后 真 得 小心 啊！
Yǐhòu zhēn děi xiǎoxīn a!

1 被 　〜される（受け身の表現：動詞の後に「被害・迷惑」を表す成分をつける）

田中的钱包被小偷儿偷走了。　　　Tiánzhōng de qiánbāo bèi xiǎotōur tōuzǒu le.
田中はスリに財布をとられた。

我的手机被弟弟弄丢了。　　　　　Wǒ de shǒujī bèi dìdi nòngdiū le.
私の携帯は弟に失くされた。

他被爸爸说了一顿。　　　　　　　Tā bèi bàba shuōle yí dùn.
彼は父親にしかられた。

2 方向補語 　（動作の方向を表す）

我觉得钱包找回来的希望不大。　　Wǒ juéde qiánbāo zhǎohuílai de xīwàng bú dà.
財布が戻ってくる可能性は小さいと思う。

他从钱包里拿出来三百元人民币。　Tā cóng qiánbāoli náchūlai sānbǎi yuán rénmínbì.
彼は財布から300元を取り出した。

他想起来一件事。　　　　　　　　Tā xiǎngqǐlai yí jiàn shì.
彼はあることを思い出した。

	进〜	出〜	上〜	下〜	回〜	过〜	起〜
来	进来	出来	上来	下来	回来	过来	起来
去	进去	出去	上去	下去	回去	过去	─

3 又…又… 　〜だし、また〜だ

他的女朋友又聪明又漂亮。　　　　Tā de nǚpéngyou yòu cōngming yòu piàoliang.
彼のガールフレンドは頭がいいしきれいです。

我们的教室又暖和又干净。　　　　Wǒmen de jiàoshì yòu nuǎnhuo yòu gānjìng.
私たちの教室は暖かいし清潔です。

食堂的饭菜又好吃又便宜。　　　　Shítáng de fàncài yòu hǎochī yòu piányi.
食堂の食事はおいしいし安いです。

4 连…都… 　〜でさえも〜だ

他连一个字都没写。　　　　　　　Tā lián yí ge zì dōu méi xiě.
彼は一文字も書かなかった。

我连一句话都没听懂。　　　　　　Wǒ lián yí jù huà dōu méi tīngdǒng.
私はひとことも聞き取れなかった。

这件事连他妈妈都不知道。　　　　Zhè jiàn shì lián tā māma dōu bù zhīdào.
このことは彼のお母さんさえも知らない。

1. 本文の内容と合っていれば○、違っていれば×をつけましょう。

⑴ 田中把钱包忘在宿舍里了。　　　　　　　　（　　）

⑵ 田中去派出所挂失。　　　　　　　　　　　（　　）

⑶ 虽然警察问得很快，但是田中都听懂了。　　（　　）

⑷ 警察说有了消息和田中联系。　　　　　　　（　　）

2. 次の表現を、語句を置き換えて練習しましょう。

⑴ 我的（词典 / 手机 / 电脑）被他（拿走了 / 借走了 / 弄丢了）。

⑵ 老师走（进 / 出）教室（来 / 去）了。

⑶ 他们是（从北京来 / 坐电车去 / 去超市买东西）的。

3. 発音を聞いて、漢字とピンインで書きましょう。

⑴ ....　⑵ ....　⑶ ....　⑷ ....　⑸ ....

⑹ ....　⑺ ....　⑻ ....　⑼ ....　⑽ ....

4. 語を並べ替えて文を作りましょう。

⑴ 私のサイフは見つかりますか。　　［ 能　的　吗　钱包　我　找到 ］
néng　de　ma　qiánbāo　wǒ　zhǎodào

⑵ このハンドバッグは軽くて使いやすい。　［ 手提包　好用　又　这个　又　轻 ］
shǒutíbāo　hǎoyòng　yòu　zhège　yòu　qīng

⑶ 私はあなたたちの知らせを待っています。　［ 着　消息　的　我　你们　等 ］
zhe　xiāoxi　de　wǒ　nǐmen　děng

5. 中国語に訳しましょう。

⑴ 私の腕時計（手表 shǒubiǎo）は妹に壊された。（弄坏 nònghuài）

⑵ あなたはどこで彼に会ったのですか。（见到 jiàndào）

⑶ 私は最近忙しくて、新聞を読む時間さえありません。（看报 kàn bào）

第 **10** 课　请客
qǐngkè

単語　🔊 28

请客	qǐngkè	招待する
让您久等了	ràng nín jiǔ děng le	
		お待たせしました
哪里哪里	nǎli nǎli	（謙遜）いえいえ
位	wèi	量詞（人を数える）
女朋友	nǚpéngyou	ガールフレンド
认识	rènshi	知り合いになる
菜单	càidān	メニュー
点（菜）	diǎn（cài）	（料理を）注文する
不好意思	bù hǎoyìsi	申し訳ない
破费	pòfèi	散財する
松鼠桂鱼	sōngshǔguìyú	
		淡水魚のあんかけ料理
红烧排骨	hóngshāopáigǔ	
		スペアリブの醤油焼き
蔬菜	shūcài	野菜
常	cháng	よく、いつも
香菇菜心	xiānggūcàixīn	
		椎茸とチンゲンサイの炒め料理
番茄蛋汤	fānqiédàntāng	トマトと卵のスープ
够	gòu	十分だ、足りる
吃不了	chībuliǎo	食べきれない

干杯	gānbēi	乾杯
友谊	yǒuyì	友情

短文単語

差不多	chàbuduō	ほとんど同じ
顿	dùn	量詞（食事の回数）
什么的	shénmede	～など
流口水	liú kǒushuǐ	涎が出る
虽然…但是…	suīrán…dànshì…	
		～だけれども、でも～だ
正宗	zhèngzōng	本場
比如	bǐrú	例えば
麻婆豆腐	mápódòufu	マーボー豆腐
麻辣	málà	
	サンショウと唐辛子で出した四川料理の味
味道	wèidao	味
考虑	kǎolù	考慮する
口味	kǒuwèi	味、好み
照顾	zhàogù	世話をする
好好儿	hǎohāor	きちんと
顺祝暑安	shùn zhù shǔ ān	
	ついでながら暑中のご健康をお祈り申し上げます

🔊 29　**会話**　田中は上海で李明に会います。李明はガールフレンドの呉小莉と一緒に田中を招待し、レストランで会う約束をしました。

田中：　李 明，你 好！让 你们 久 等 了。
Tiánzhōng: Lǐ Míng, nǐ hǎo! Ràng nǐmen jiǔ děng le.

李明：　哪里 哪里。我们 也 刚 到。先 介绍 一下，这 位 是 我 的
Lǐ Míng: Nǎli nǎli. Wǒmen yě gāng dào. Xiān jièshào yíxià, zhè wèi shì wǒ de

女朋友 吴 小莉。
nǚpéngyou Wú Xiǎolì.

田中：　认识 你 很 高兴。我 叫 田中 庆子。
Rènshi nǐ hěn gāoxìng. Wǒ jiào Tiánzhōng Qìngzǐ.

吴小莉：你 好！认识 你 我 也 很 高兴。
Wú Xiǎolì: Nǐ hǎo! Rènshi nǐ wǒ yě hěn gāoxìng.

李明：　这 是 菜单，你们 喜欢 吃 什么 就 点 什么。今天 我 请客。
Zhè shì càidān, nǐmen xǐhuan chī shénme jiù diǎn shénme. Jīntiān wǒ qǐngkè.

田中： 那 真 不 好意思。让 你 破费 了。
Nà zhēn bù hǎoyìsi. Ràng nǐ pòfèi le.

吴小莉： 这儿 的 松鼠桂鱼 很 好吃，要 一 个 吧。
Zhèr de sōngshǔguìyú hěn hǎochī, yào yí ge ba.

李明： 好，再 要 一 个 红烧排骨。田中，你 喜欢 吃 什么？
Hǎo, zài yào yí ge hóngshāopáigǔ. Tiánzhōng, nǐ xǐhuan chī shénme?

田中： 有 蔬菜 吗？你 介绍 一 个 上海人 常 吃 的 蔬菜 吧。
Yǒu shūcài ma? Nǐ jièshào yí ge Shànghǎirén cháng chī de shūcài ba.

小莉： 对，要 一 个 香菇菜心。再 要 一 个 蕃茄蛋汤 和……
Duì, yào yí ge xiānggūcàixīn. Zài yào yí ge fānqiédàntāng hé……

田中： 哎呀，够 了 吧，点多了 吃不了。
Āiya, gòu le ba, diǎnduōle chībuliǎo.

李明： 那 一会儿 再 点，先 干 一 杯。来，为 咱们 的 友谊 干杯！
Nà yíhuìr zài diǎn, xiān gān yì bēi. Lái, wèi zánmen de yǒuyì gānbēi!

三个人： 干杯！
Gānbēi!

🔊 30 短文 王軍から李明へのメール

李 明：
Lǐ Míng:

　　东京 现在 非常 热，上海 大概 也 差不多 吧。
　　Dōngjīng xiànzài fēicháng rè, Shànghǎi dàgài yě chàbuduō ba.

　　田中 来信 说 你 和 吴 小莉 在 饭店 请 她 吃了 顿 饭。
　　Tiánzhōng láixìn shuō nǐ hé Wú Xiǎolì zài fàndiàn qǐng tā chīle dùn fàn.

她 说 她 认识 你们 很 高兴。她 还 说 你们 吃了 松鼠桂鱼、
Tā shuō tā rènshi nǐmen hěn gāoxìng. Tā hái shuō nǐmen chīle sōngshǔguìyú、

红烧排骨 什么的，我 看了 信 以后 口水 都 要 流出来 了。日本
hóngshāopáigǔ shénmede, wǒ kànle xìn yǐhòu kǒushuǐ dōu yào liúchūlai le. Rìběn

虽然 也 有 中国菜，但是 我 觉得 不 太 正宗。比如 麻婆豆腐，
suīrán yě yǒu Zhōngguócài, dànshì wǒ juéde bú tài zhèngzōng. Bǐrú mápódòufu,

麻 和 辣 的 味道 都 不够，那 也许 是 考虑 日本人 的 口味 吧。
má hé là de wèidao dōu bú gòu, nà yěxǔ shì kǎolǜ Rìběnrén de kǒuwèi ba.

　　谢谢 你们 照顾 田中，等 我 回 上海 以后，好好儿 请 你们
　　Xièxie nǐmen zhàogù Tiánzhōng, děng wǒ huí Shànghǎi yǐhòu, hǎohāor qǐng nǐmen

吃 一 顿。
chī yí dùn.

　　顺 祝 暑 安！
　　Shùn zhù shǔ ān!

王 军
Wáng Jūn

1 让　〜させる（使役の表現）

让你久等了。　　　　　　　Ràng nǐ jiǔ děng le.
　お待たせしました。

让她点菜。　　　　　　　　Ràng tā diǎn cài.
　彼女に料理を注文させる。

老师让我们念课文。　　　　Lǎoshī ràng wǒmen niàn kèwén.
　先生は私たちにテキストの本文を読ませる。

2 疑問詞の連用　（疑問を表さない不定用法。同じ疑問詞を繰り返して、任意の物、場所、人などの
　　　　　　　すべてを示す。）

想吃什么点什么。　　　　　Xiǎng chī shénme diǎn shénme.
　何でも食べたいものを注文する。

她想去哪儿就去哪儿。　　　Tā xiǎng qù nǎr jiù qù nǎr.
　彼女はどこでも行きたいところに行ってしまう。

谁想去谁举手。　　　　　　Shéi xiǎng qù shéi jǔ shǒu.
　誰でも行きたい人が手をあげてください。

3 「为」＋名詞　〜に、〜のため

为友谊干杯。　　　　　　　Wèi yǒuyì gānbēi.
　友情に乾杯。

年轻人应该为国家做贡献。　Niánqīngrén yīnggāi wèi guójiā zuò gòngxiàn.
　若者は国のために貢献するべきだ。

我们不能为小事生气。　　　Wǒmen bù néng wèi xiǎoshì shēngqì.
　我々は小さなことで怒ったりするべきではない。

4 虽然…但是…　〜だけれども、でも〜だ

这件T恤衫虽然有点儿贵，但是我很喜欢。
Zhè jiàn tīxùshān suīrán yǒudiǎnr guì, dànshì wǒ hěn xǐhuan.
　このTシャツは少し高いけれども、私はとても気に入った。

虽然他来日本的时间不长，但是日语说得很好。
Suīrán tā lái Rìběn de shíjiān bù cháng, dànshì Rìyǔ shuōde hěn hǎo.
　彼は日本に来て長くないけれども、日本語が上手だ。

虽然我想去中国，但是我得打工，所以不能去。
Suīrán wǒ xiǎng qù Zhōngguó, dànshì wǒ děi dǎgōng, suǒyǐ bù néng qù.
　私は中国に行きたいけれども、アルバイトをしなければならないので、行けません。

1. 本文の内容と合っていれば○、違っていれば×をつけましょう。

⑴ 田中跟李明和吴小莉一起吃饭。　　　　　　　　（　　）

⑵ 这次田中请客。　　　　　　　　　　　　　　　（　　）

⑶ 吴小莉给田中点了香菇菜心。　　　　　　　　　（　　）

⑷ 王军觉得日本的中国菜不太正宗。　　　　　　　（　　）

2. 次の表現を、語句を置き換えて練習しましょう。

⑴ 让你（破费了 / 久等了 / 操心了）。操心 cāoxīn：心配する

⑵ 你想（吃 / 喝 / 买）什么就（吃 / 喝 / 买）什么吧。（同じ動詞を繰り返す）

⑶ 要一个（松鼠桂鱼 / 红烧排骨 / 麻婆豆腐），再要一个（蕃茄蛋汤 / 酸辣汤）。

3. 発音を聞いて、漢字とピンインで書きましょう。

⑴ ....　⑵ ....　⑶ ....　⑷ ....　⑸ ....

....　　.................　　.................　　.................　　.................

⑹ ....　⑺ ....　⑻ ....　⑼ ....　⑽ ....

....　　.................　　.................　　.................　　.................

4. 語を並べ替えて文を作りましょう。

⑴ あなたと知り合えてうれしいです。　　［你　高兴　认识　很］
　　　　　　　　　　　　　　　　　　　　　　 nǐ　gāoxìng　rènshi　hěn

....

⑵ 次回は私が必ずご馳走します。　　［请客　下次　一定　我］
　　　　　　　　　　　　　　　　　　 qǐngkè　xiàcì　yídìng　wǒ

....

⑶ あなたはどこでも行きたい所に行きなさい。［去　去　哪儿　哪儿　想　就　你］
　　　　　　　　　　　　　　　　　　　　　　 qù　qù　nǎr　nǎr　xiǎng　jiù　nǐ

....

5. 中国語に訳しましょう。

⑴ お母さんは私たちに部屋を掃除させる。（打扫 dǎsǎo）

....

⑵ あなたの健康のために乾杯！（健康 jiànkāng）

....

⑶ このレストランはあまり有名ではないけれども、料理の味は本格的です。

....

谈 理想
tán   lǐxiǎng

单語 🔊 31

谈	tán	話す、語る
理想	lǐxiǎng	夢、理想
越来越	yuèláiyuè	ますます～
越…越…	yuè…yuè…	～すればするほど～だ
毕业	bìyè	卒業する
什么样的	shénmeyàng de	どのような
比如说	bǐrú shuō	例えば
空姐	kōngjiě	客室乗務員（女性）
或	huò	あるいは
机场	jīchǎng	空港
人员	rényuán	人、～員
适合	shìhé	合う
水平	shuǐpíng	水準、レベル
不过	búguò	しかし
互相	hùxiāng	互いに
鼓励	gǔlì	励ます
加油	jiāyóu	頑張る

短文単語

当	dāng	～になる
接近	jiējìn	近い、近づく
现实	xiànshí	現実
因为	yīnwèi	なぜなら、～からだ
文化	wénhuà	文化
名	míng	量詞（人を数える）
研究	yánjiū	研究する
能力	nénglì	能力
远远	yuǎnyuǎn	ずっと、はるかに
怎么办	zěnme bàn	どうしよう
词	cí	言葉、語

有志者，事竟成。 Yǒu zhì zhě, shì jìng chéng.
志さえあれば必ず成功する

🔊 32 **会話** 上海留学で田中は中国語がとても上手になりました。日本に帰国後、彼女は王軍と将来の夢について語り合っています。

王军： 田中， 你 从 中国 回来 以后， 汉语 越来越 好 了。
Wáng Jūn: Tiánzhōng, nǐ cóng Zhōngguó huílai yǐhòu, Hànyǔ yuèláiyuè hǎo le.

田中： 是 吗？我 觉得 汉语 越 学 越 有 意思。
Tiánzhōng: Shì ma? Wǒ juéde Hànyǔ yuè xué yuè yǒu yìsi.

王军： 毕业 以后， 你 想 做 什么样 的 工作？
Bìyè yǐhòu, nǐ xiǎng zuò shénmeyàng de gōngzuò?

田中： 我 想 做 能 用 英语 也 能 用 汉语 的 工作。
Wǒ xiǎng zuò néng yòng Yīngyǔ yě néng yòng Hànyǔ de gōngzuò.

王军： 比如 说……？
Bǐrú shuō……?

田中： 比如 说 空姐 或 机场 工作 人员 什么的。
Bǐrú shuō kōngjiě huò jīchǎng gōngzuò rényuán shénmede.

王军： 我 觉得 那样 的 工作 很 适合 你。
Wǒ juéde nàyàng de gōngzuò hěn shìhé nǐ.

田中： 真 的 吗？ 你 呢？
Zhēn de ma? Nǐ ne?

王军：　我 想 作 一 个 日语 老师。
　　　　Wǒ xiǎng zuò yí ge Rìyǔ lǎoshī.

田中：　你 的 日语 这么 好，一定 没 问题。
　　　　Nǐ de Rìyǔ zhème hǎo, yídìng méi wèntí.

王军：　现在 的 水平 还 不 够，不过 我 会 努力 的。
　　　　Xiànzài de shuǐpíng hái bú gòu, búguò wǒ huì nǔlì de.

田中：　那 我们 互相 鼓励，一起 加油 吧！
　　　　Nà wǒmen hùxiāng gǔlì, yìqǐ jiāyóu ba!

① ② ③ ④ ⑤ ⑥ ⑦ ⑧ ⑨ ⑩ ⑪ ⑫

🔊 33　短文　王軍の日記

　　　十 月 十五 号 星期六 晴
　　　Shí yuè shíwǔ hào xīngqīliù qíng

　　今天 和 田中 聊天，我们 谈到了 找 工作 的 问题。她 说
　　Jīntiān hé Tiánzhōng liáotiān, wǒmen tándàole zhǎo gōngzuò de wèntí. Tā shuō
她 想 当 空姐 或 机场 工作 人员，我 觉得 她 的 理想 很 接近
tā xiǎng dāng kōngjiě huò jīchǎng gōngzuò rényuán, wǒ juéde tā de lǐxiǎng hěn jiējìn
现实，因为 她 会 说 英语，汉语 也 说得 很 好。
xiànshí, yīnwèi tā huì shuō Yīngyǔ, Hànyǔ yě shuōde hěn hǎo.

　　我 喜欢 口语，喜欢 日本 文化，我 的 理想 是 回 中国 当 一
　　Wǒ xǐhuan Rìyǔ, xǐhuan Rìběn wénhuà, wǒ de lǐxiǎng shì huí Zhōngguó dāng yì
名 日语 老师。当然，我 现在 的 日语 水平 和 研究 能力 都 远远
míng Rìyǔ lǎoshī. Dāngrán, wǒ xiànzài de Rìyǔ shuǐpíng hé yánjiū nénglì dōu yuǎnyuǎn
不 够。怎么 办 呢？我 打算 大学 毕业 以后 继续 学习，研究 日语。
bú gòu. Zěnme bàn ne? Wǒ dǎsuan dàxué bìyè yǐhòu jìxù xuéxí, yánjiū Rìyǔ.

　　我 喜欢 日语 的 "志" 这个 词—— 汉语 也 说 "有 志 者，
　　Wǒ xǐhuan Rìyǔ de "zhì" zhège cí—— Hànyǔ yě shuō "yǒu zhì zhě,
事 竟 成"。
shì jìng chéng".

1 越来越　ますます

天气越来越热。　　　　　Tiānqì yuèláiyuè rè.
天気はますます暑くなる。

你的汉语越来越好。　　　Nǐ de Hànyǔ yuèláiyuè hǎo.
あなたの中国語はますます上手になる。

年龄越来越大。　　　　　Niánlíng yuèláiyuè dà.
ますます年をとっていく。

「越」＋動詞＋「越」…　〜すればするほど〜だ

汉语越学越有意思。　　　Hànyǔ yuè xué yuè yǒu yìsi.
中国語は勉強すればするほど面白くなる。

这件事我越想越生气。　　Zhè jiàn shì wǒ yuè xiǎng yuè shēngqì.
このことは考えれば考えるほど腹が立つ。

她很着急，越走越快。　　Tā hěn zháojí, yuè zǒu yuè kuài.
彼女は焦って、歩けば歩くほど速くなる。

2 比如说　例えば〜

她想找一个能用英语又能用汉语的工作，比如说空姐或机场工作人员等。
Tā xiǎng zhǎo yí ge néng yòng Yīngyǔ yòu néng yòng Hànyǔ de gōngzuò, bǐrú shuō kōngjiě huò jīchǎng gōngzuò rényuán děng.
彼女は英語も中国語も使える仕事を探したい。例えば客室乗務員や空港の従業員などだ。

有时间你可以运动运动，比如说跑步、游泳等。
Yǒu shíjiān nǐ kěyǐ yùndòngyundong, bǐrú shuō pǎobù, yóuyǒng děng.
時間があったら運動すると良い。例えばジョギング、水泳など。

日本人也经常吃中国菜，比如说麻婆豆腐、青椒肉丝什么的。
Rìběnrén yě jīngcháng chī Zhōngguócài, bǐrú shuō mápódòufu, qīngjiāoròusī shénmede.
日本人もよく中華料理を食べる、例えばマーボー豆腐、チンジャオロースなど。

3 間接話法　人の話を間接的に引用する

她说王军喜欢吃日本菜。　Tā shuō Wáng Jūn xǐhuan chī Rìběncài.
彼女は王軍は日本料理が好きだと言っている。

田中说王军回国了。　　　Tiánzhōng shuō Wáng Jūn huí guó le.
田中は王軍は帰国したと言った。

老师说下个星期考试。　　Lǎoshī shuō xià ge xīngqī kǎoshì.
先生は来週テストをすると言った。

1. 本文の内容と合っていれば○、違っていれば×をつけましょう。

(1) 田中觉得汉语越学越有意思。 （　　）

(2) 田中想当一个汉语老师。 （　　）

(3) 王军觉得田中的理想很接近现实。 （　　）

(4) 王军打算毕业以后在中国找工作。 （　　）

2. 次の表現を、語句を置き換えて練習しましょう。

(1) 我觉得（学汉语／这个工作／天气）越来越（有意思／难／暖和 nuǎnhuo 了）。

(2) 他说（他会说汉语和英语／他明年毕业／最近学习很忙）。

(3) 我平常喝好几种茶，比如说（乌龙茶、花茶／绿茶、红茶）什么的。

3. 発音を聞いて、漢字とピンインで書きましょう。

(1) .... (2) .... (3) .... (4) .... (5) ....

....

(6) .... (7) .... (8) .... (9) .... (10) ....

....

4. 語を並べ替えて文を作りましょう。

(1) 彼の話は聞けば聞くほど面白い。　［听　越　越　的　话　他　有意思］
　　　　　　　　　　　　　　　　　　tīng　yuè　yuè　de　huà　tā　yǒu yìsi

....

(2) 今日私はまず本屋に行ってからアルバイトに行くつもりです。
［打算　先　再　我　去打工　今天　去书店］
dǎsuan　xiān　zài　wǒ　qù dǎgōng　jīntiān　qù shūdiàn

....

(3) 私はこのような仕事はあなたに合っていると思います。
［觉得　这样　你　工作　适合　我　很　的］
juéde　zhèyàng　nǐ　gōngzuò　shìhé　wǒ　hěn　de

....

5. 中国語に訳しましょう。

(1) 彼の英語がこんなにうまいとは思わなかった。（没想到 méi xiǎngdào）

....

(2) 私は「希望」ということばが好きです。

....

(3) 私のレベルはまだ足りないので、更に続けて努力しなければなりません。（继续 jìxù）

....

欢送会
huānsònghuì

单語 🔊 34

欢送会	huānsònghuì	送別会				

欢送会	huānsònghuì	送別会
认真	rènzhēn	まじめだ
感谢	gǎnxiè	感謝する
大家	dàjiā	みんな、みなさん
热心	rèxīn	熱心だ
地	de	連用修飾語に付く助詞
结果	jiéguǒ	結果
见面	jiànmiàn	会う
机会	jīhuì	機会、チャンス
玩儿	wánr	遊ぶ
导游	dǎoyóu	ガイド
通	tōng	～し合う、通じる
电子邮件	diànzǐ yóujiàn	Eメール
祝愿	zhùyuàn	祈る、願う
更	gèng	さらに
一切	yíqiè	すべて

短文単語

开	kāi	開く
一转眼	yìzhuǎnyǎn	瞬く間に
过去	guòqu	過ぎる
好不容易	hǎobù róngyì	やっとのことで
却	què	逆に、かえって
期间	qījiān	期間
交（朋友）	jiāo (péngyou)	（友達を）作る
度过	dùguò	過ごす
时光	shíguāng	時間、月日
永远	yǒngyuǎn	永遠に
忘记	wàngjì	忘れる
互通	hùtōng	交換する
对…来说	duì…lái shuō	～にとって
意义	yìyì	意義、意味

🔊 35 **会話** 王軍は来週帰国します。今日は彼のために皆でお茶を飲みながらお別れ会をしました。張先生も参加しました。

田中： 王军，你 认真 辅导 我们 汉语，我们 都 非常 感谢 你。
Tiánzhōng: Wáng Jūn, nǐ rènzhēn fǔdǎo wǒmen Hànyǔ, wǒmen dōu fēicháng gǎnxiè nǐ.

王军： 和 大家 在 一起 交流，我 也 感到 非常 愉快。
Wáng Jūn: Hé dàjiā zài yìqǐ jiāoliú, wǒ yě gǎndào fēicháng yúkuài.

张老师：你 热心 地 帮助 同学，所以 大家 的 汉语 都 有了 很 大
Zhāng lǎoshī: Nǐ rèxīn de bāngzhù tóngxué, suǒyǐ dàjiā de Hànyǔ dōu yǒule hěn dà

的 进步。
de jìnbù.

王军： 这 是 大家 努力 的 结果。大家 努力 学习 汉语，我 也
Wáng Jūn: Zhè shì dàjiā nǔlì de jiéguǒ. Dàjiā nǔlì xuéxí Hànyǔ, wǒ yě

非常 高兴。
fēicháng gāoxìng.

田中： 王军 说 他 在 中国 大学 毕业 以后 还 会 来 日本。
Wáng Jūn shuō tā zài Zhōngguó dàxué bìyè yǐhòu hái huì lái Rìběn.

山本： 真 的 吗？太 好 了！我们 还 能 再 见面。
Shānběn: Zhēn de ma? Tài hǎo le! Wǒmen hái néng zài jiànmiàn.

王军： 欢迎 大家 有 机会 来 上海 玩儿, 我 可以 给 你们 当 导游。
Huānyíng dàjiā yǒu jīhuì lái Shànghǎi wánr, wǒ kěyǐ gěi nǐmen dāng dǎoyóu.

张老师：对, 以后 大家 要 多 通 电子 邮件, 多 联系 啊。
Duì, yǐhòu dàjiā yào duō tōng diànzǐ yóujiàn, duō liánxì a.

王军： 我 祝愿 大家 汉语 有 更 大 的 进步!
Wǒ zhùyuàn dàjiā Hànyǔ yǒu gèng dà de jìnbù!

田中： 我们 也 祝 你 学习 进步, 一切 顺利!
Wǒmen yě zhù nǐ xuéxí jìnbù, yíqiè shùnlì!

🔊 36 **短文** 王軍の日記

二 月 十 号 星期一 晴
èr yuè shí hào xīngqīyī qíng

今天 大家 给 我 开了 个 欢送会。
Jīntiān dàjiā gěi wǒ kāile ge huānsònghuì.

时间 过得 真 快, 我 的 留学 生活 一转眼 就 过去 了。好不 容易
Shíjiān guòde zhēn kuài, wǒ de liúxué shēnghuó yìzhuǎnyǎn jiù guòqu le. Hǎobù róngyì

习惯 了,却 要 回 国 了。在 留学 期间, 我 的 日语 有了 一些 进步,
xíguàn le, què yào huí guó le. Zài liúxué qījiān, wǒ de Rìyǔ yǒule yìxiē jìnbù,

还 交到了 田中、山本 这样 的 好 朋友。因为 有 他们 的 帮助, 我 的
hái jiāodàole Tiánzhōng、Shānběn zhèyàng de hǎo péngyou. Yīnwèi yǒu tāmen de bāngzhù, wǒ de

日语 才 有了 进步。我们 在 一起 愉快 地 聊天儿、学习, 度过了 很
Rìyǔ cái yǒule jìnbù. Wǒmen zài yìqǐ yúkuài de liáotiānr、xuéxí, dùguòle hěn

多 快乐 的 时光。这些 我 永远 都 不 会 忘记。
duō kuàilè de shíguāng. Zhèxiē wǒ yǒngyuǎn dōu bú huì wàngjì.

我 回 国 以后 也 会 和 他们 互通 电子 邮件, 互相 鼓励。我
Wǒ huí guó yǐhòu yě huì hé tāmen hùtōng diànzǐ yóujiàn, hùxiāng gǔlì. Wǒ

希望 他们 以后 有 机会 来 上海 玩儿, 我 可以 给 他们 当 导游, 给
xīwàng tāmen yǐhòu yǒu jīhuì lái Shànghǎi wánr, wǒ kěyǐ gěi tāmen dāng dǎoyóu, gěi

他们 介绍 上海 的 情况。
tāmen jièshào Shànghǎi de qíngkuàng.

在 日本 学习 的 时间 虽然 不 长, 但是 对 我 来 说 过得 很 有
Zài Rìběn xuéxí de shíjiān suīrán bù cháng, dànshì duì wǒ lái shuō guòde hěn yǒu

意义。
yìyì.

1 祝(愿)　願う、祈る

我们祝愿他学习进步。　　　Wǒmen zhùyuàn tā xuéxí jìnbù.
　私たちは彼の勉強が上達するよう祈ります。

祝你生日快乐！　　　　　Zhù nǐ shēngri kuàilè!
　誕生日おめでとうございます！

祝你生活幸福。　　　　　Zhù nǐ shēnghuó xìngfú.
　幸せに暮らせますようお祈りします。

2 因为…，（所以）才…　（～であるからこそ～、～したから～した / なったのだ）

因为她努力学习，所以才考上北京大学的。
Yīnwèi tā nǔlì xuéxí, suǒyǐ cái kǎoshàng Běijīng Dàxué de.
　彼女は頑張って勉強したからこそ北京大学に受かったのだ。

小王因为喜欢日本的动漫，所以才开始学习日语的。
Xiǎo-Wáng yīnwèi xǐhuan Rìběn de dòngmàn, suǒyǐ cái kāishǐ xuéxí Rìyǔ de.
　王くんは日本のアニメが好きだから日本語を勉強し始めたのです。

因为我不会用电脑，所以才要学。
Yīnwèi wǒ bú huì yòng diànnǎo, suǒyǐ cái yào xué.
　私はパソコンが使えないからこそ習わなければいけないのです。

3 連用修飾語に付ける「地」　（どのような状態、様子で行動するかを描写する）

他热心地教我们做饺子。　　　　　Tā rèxīn de jiāo wǒmen zuò jiǎozi.
　彼は熱心に私たちに餃子の作り方を教えてくれた。

他们在一起愉快地学习、聊天儿。　Tāmen zài yìqǐ yúkuài de xuéxí、liáotiānr.
　彼らは一緒に楽しく勉強したりおしゃべりしたりしている。

他们高高兴兴地回家了。　　　　　Tāmen gāogāoxìngxìng de huí jiā le.
　彼らは喜んで家に帰っていった。

4 却　（予想や通常の道理に反するときに用いる）

他好不容易习惯了日本，却要回国了。
Tā hǎobù róngyì xíguànle Rìběn, què yào huí guó le.
　彼はようやく日本に慣れたのに帰国しなくてはならなくなった。

我想帮助她，可是她却很生气。　　Wǒ xiǎng bāngzhù tā, kěshì tā què hěn shēngqì.
　私は彼女を助けたいのに、しかし彼女は怒っている。

他家离学校很近，他却总是迟到。　Tā jiā lí xuéxiào hěn jìn, tā què zǒngshì chídào.
　彼の家は学校から近いのに、いつも遅刻している。

1. 本文の内容と合っていれば〇、違っていれば×をつけましょう。

(1) 张老师没来参加王军的欢送会。 　　　　　　　　　　　 (　　)

(2) 田中代表同学们对王军表示感谢。 　　　　　　　　　　 (　　)

(3) 王军希望大家有机会去上海玩儿。 　　　　　　　　　　 (　　)

(4) 因为有了张老师的帮助，王军的日语才有了进步。 (　　)

2. 次の表現を、語句を置き換えて練習しましょう。

(1) 祝你（身体健康 / 学习进步 / 生日快乐 / 新年愉快）!

(2) 我毕业以后也希望（和你们互通电子邮件 / 跟大家交往 jiāowǎng / 继续学汉语）。

(3) 对我来说，（学英语很有意思 / 这一年过得很有意义 / 这些经验都很重要）。

3. 発音を聞いて、漢字とピンインで書きましょう。

(1) ....　　(2) ....　　(3) ....　　(4) ....　　(5) ....

....　　.................　　.................　　.................　　.................

(6) ....　　(7) ....　　(8) ....　　(9) ....　　(10) ....

....　　.................　　.................　　.................　　.................

4. 語を並べ替えて文を作りましょう。

(1) 彼女は本文を流暢に一度音読した。 [把　她　课文　地　一遍　流利　了　念]
　　　　　　　　　　　　　　　　　　　　 bǎ　tā　kèwén　de　yí biàn　liúlì　le　niàn

....

(2) 彼女は毎日ジョギングをしたからこそ、痩せたのです。
[长跑　因为　才　她　瘦的　每天　所以]
chángpǎo　yīnwèi　cái　tā　shòu de　měitiān　suǒyǐ

....

(3) 私は10分しか歩いていないのに、逆にとても疲れたと感じました。
[十分钟　却　我　很累　觉得　只　走了]
shí fēnzhōng　què　wǒ　hěn lèi　juéde　zhǐ　zǒule

....

5. 中国語に訳しましょう。

(1) 私は皆さんに東京をちょっと紹介することができます。

....

(2) 彼女はいつも私たちを親切に助けてくれます。（常常 chángcháng）

....

(3) 今日授業が終わってから、あなたは何をするつもりですか。（做 / 干 gàn）

....

よく使う複文のパターンを覚えましょう

1 一边…一边…　～しながら～する

(1) 爸爸一边喝啤酒，一边看电视。　　Bàba yìbiān hē píjiǔ, yìbiān kàn diànshì.
父はビールを飲みながら、テレビを見る。

(2) 你不要一边吃饭，一边看手机。　　Nǐ bú yào yìbiān chī fàn, yìbiān kàn shǒujī.
あなたはご飯を食べながら、携帯を見ないで下さい。

2 既…又…　～でもあり、～でもある

(1) 我们既要努力学习，又要好好儿锻炼身体。
Wǒmen jì yào nǔlì xuéxí, yòu yào hǎohāor duànliàn shēntǐ.
私達は勉強を頑張らなければならないし、体をよく鍛えることもしなければならない。

(2) 他做事既认真又稳重，所以大家都很信任他。
Tā zuòshì jì rènzhēn yòu wěnzhòng, suǒyǐ dàjiā dōu hěn xìnrèn tā.
彼は仕事が真面目でしっかりしているので、皆は彼をとても信頼している。

3 先…(然后)再…　まず～して、それから～する（第8課）

(1) 我们先念生词，然后再念课文。　　Wǒmen xiān niàn shēngcí, ránhòu zài niàn kèwén.
私たちはまず新出単語を音読し、それから本文を音読する。

(2) 咱们先去看电影，然后再去买东西吧。
Zánmen xiān qù kàn diànyǐng, ránhòu zài qù mǎi dōngxi ba.
私たちはまず映画を見に行って、それから買い物に行こう。

4 一…就…　～するとすぐ～

(1) 我一喝酒，脸就红。　　Wǒ yì hē jiǔ, liǎn jiù hóng.
私は酒を飲むと、顔がすぐ赤くなる。

(2) 一批评她，她就哭。　　Yì pīpíng tā, tā jiù kū.
彼女を叱ると、彼女はすぐ泣く。

5 不是…而是…　～ではなく～だ

(1) 他们不是在玩儿游戏，而是在工作。　Tāmen bú shì zài wánr yóuxì, ér shì zài gōngzuò.
彼らはゲームをしているのではなく、仕事をしているのだ。

(2) 我们不是不想去旅游，而是不能去。
Wǒmen bú shì bù xiǎng qù lǚyóu, ér shì bù néng qù.
私たちは旅行に行きたくないのではなく、行けないのだ。

6 不是…就是… ～か～かのどちらかだ / ～でなければ～だ

(1) 这个本子不是伊藤的就是阿部的。　　Zhège běnzi bú shì Yīténg de jiùshì Ābù de.
このノートは伊藤さんのか、阿部さんのかのどちらかだ。

(2) 这个暑假，他不是看漫画就是看电影，没学习。
Zhège shǔjià, tā bú shì kàn mànhuà jiùshì kàn diànyǐng, méi xuéxí.
この夏休みは、彼は漫画を読んでいなければ映画を見ていて、勉強していない。

7 不但…而且… ～だけでなく～も～

(1) 她不但长得漂亮，而且很聪明。　　Tā búdàn zhǎngde piàoliang, érqiě hěn cōngming.
彼女は綺麗なだけでなく、とても賢い。

(2) 他不但会说英语，而且汉语说得也很好。
Tā búdàn huì shuō Yīngyǔ, érqiě Hànyǔ shuōde yě hěn hǎo.
彼は英語を話せるだけでなく、中国語を話すのも上手い。

8 除了…以外，还… ～のほかに～も（第3課）

(1) 我们除了学习英语以外，还学习汉语。
Wǒmen chúle xuéxí Yīngyǔ yǐwài, hái xuéxí Hànyǔ.
私たちは英語を学ぶほか、中国語も学んでいる。

(2) 药妆店除了卖药品以外，还卖化妆品。
Yàozhuāngdiàn chúle mài yàopǐn yǐwài, hái mài huàzhuāngpǐn.
ドラッグストアは薬品を売るほか、化粧品も売る。

9 除了…以外，…都… ～以外みな～（第3課）

(1) 除了李明没交作业以外，其他同学都交了。
Chúle Lǐ Míng méi jiāo zuòyè yǐwài, qítā tóngxué dōu jiāo le.
李明さんが宿題を提出していない以外は、その他のクラスメートは皆提出した。

(2) 我的同学中除了我以外，都结婚了。
Wǒ de tóngxué zhōng chúle wǒ yǐwài, dōu jiéhūn le.
私のクラスメートの中では、私以外は皆結婚した。

10 或者…或者… ～したり～したり（する）/ ～かそれとも～か

(1) 星期天，我或者看小说，或者上网看电影，很少出去玩儿。
Xīngqītiān, wǒ huòzhě kàn xiǎoshuō, huòzhě shàngwǎng kàn diànyǐng, hěn shǎo chūqù wánr.
日曜日に、私は小説を読んだり、ネットで映画を見たりして、めったに遊びに出かけない。

(2) 这件事你通知大家吧。或者发邮件，或者打电话都行。

Zhè jiàn shì nǐ tōngzhī dàjiā ba. Huòzhě fā yóujiàn, huòzhě dǎ diànhuà dōu xíng.

この事をあなたは皆に知らせて下さい。メールを送っても、電話をかけてもどちらでもいいです。

11 越…越… ～すればするほど、ますます～（第11課）

(1) 妈妈说得越多, 淘气的孩子们越不听话。

Māma shuōde yuè duō, táoqì de háizimen yuè bù tīnghuà.

お母さんが叱れば叱るほど、いたずらっ子たちはますます言うことを聞かなくなる。

(2) 天气越好，出去玩儿的人越多。　　　Tiānqì yuè hǎo, chūqù wánr de rén yuè duō.

天気が良いほど、遊びに出かける人が多くなる。

12 虽然…但是… ～だけれども、でも～だ（第10課）

(1) 我们虽然每天都很忙，但是过得很充实。

Wǒmen suīrán měitiān dōu hěn máng, dànshì guòde hěn chōngshí.

私たちは毎日忙しいけれども、とても充実している。

(2) 这个词我虽然不会念，但是意思我明白。

Zhège cí wǒ suīrán bú huì niàn, dànshì yìsi wǒ míngbai.

この言葉を私は読めないけれども、意味はわかる。

13 尽管…但是／却… ～ではあるけれども～

(1) 尽管汉语的发音很难，但是她还是坚持练习。

Jǐnguǎn Hànyǔ de fāyīn hěn nán, dànshì tā háishi jiānchí liànxí.

中国語の発音が難しくても、彼女はがんばって練習を続けている。

(2) 尽管我有手机，但是我却很少用手机打电话。

Jǐnguǎn wǒ yǒu shǒujī, dànshì wǒ què hěn shǎo yòng shǒujī dǎ diànhuà.

私は携帯電話を持っていても、携帯電話でめったに電話をかけない。

14 既然…就… ～したからには～／～である以上は～

(1) 既然选了这门课，就应该好好儿学习。

Jìrán xuǎn le zhè mén kè, jiù yīnggāi hǎohāor xuéxí.

この授業を選んだからには、ちゃんと勉強するべきだ。

(2) 既然你想吃饺子，我们就找一家中国餐厅吧。

Jìrán nǐ xiǎng chī jiǎozi, wǒmen jiù zhǎo yì jiā Zhōngguó cāntīng ba.

あなたが餃子を食べたいのなら、私たちは中国料理のレストランを探しましょう。

15 因为…才…　～であるからこそ～ / ～したからこそ～（第12課）

(1) 因为你总是迟到，老师才批评你的。
Yīnwèi nǐ zǒngshì chídào, lǎoshī cái pīpíng nǐ de.
あなたがいつも遅刻するからこそ、先生はあなたを叱るのだ。

(2) 因为这个又便宜又好用，我才买的。
Yīnwèi zhège yòu piányi yòu hǎoyòng, wǒ cái mǎi de.
これは安くて使い易いからこそ、私は買うのだ。

16 因为…所以…　～なので～だ

(1) 因为他的电脑坏了，所以他又买了一台新电脑。
Yīnwèi tā de diànnǎo huài le, suǒyǐ tā yòu mǎile yì tái xīn diànnǎo.
彼のパソコンが壊れたので、彼はまた新しいパソコンを一台買った。

(2) 他因为昨天发烧了，所以今天没来上课。
Tā yīnwèi zuótiān fāshāo le, suǒyǐ jīntiān méi lái shàngkè.
彼は昨日熱が出たので、今日は授業に来なかった。

17 如果 / 要是…就…　もし～なら～（第6課）

(1) 这本书你如果喜欢，我就送给你。　Zhè běn shū nǐ rúguǒ xǐhuan, wǒ jiù sònggěi nǐ.
この本をあなたがもし気に入ったなら、私はあなたにプレゼントします。

(2) 如果想减肥，就得少吃多运动。　Rúguǒ xiǎng jiǎnféi, jiù děi shǎo chī duō yùndòng.
もしダイエットをしたいなら、少なめに食べてたくさん運動をしなければならない。

18 再…也…　どんなに～ても～だ

(1) 别人的东西再好，也不能拿。　Biéren de dōngxi zài hǎo, yě bù néng ná.
他人の物は、どんなに良くても取ってはいけない。

(2) 不合适的衣服，再便宜我也不想买。　Bù héshì de yīfu, zài piányi wǒ yě bù xiǎng mǎi.
合わない服は、どんなに安くても私は買いたくない。

19 即使 / 哪怕…也…　たとえ～ても～

(1) 如果能去留学，即使是短期留学我也要去。
Rúguǒ néng qù liúxué, jíshǐ shì duǎnqī liúxué wǒ yě yào qù.
もし留学に行けるのなら、たとえ短期留学でも私は行きたい。

(2) 即使很累，我也要准备明天的考试。
Jíshǐ hěn lèi, wǒ yě yào zhǔnbèi míngtiān de kǎoshì.
たとえ疲れていても、私は明日の試験の準備をしなければならない。

20 就是…也…　たとえ～ても～

(1) 就是没有食欲，也得吃饭。　　　　Jiùshì méiyǒu shíyù, yě děi chī fàn.
たとえ食欲がなくても、ご飯を食べなければならない。

(2) 就是成绩好，也得谦虚点儿。　　　Jiùshì chéngjì hǎo, yě děi qiānxū diǎnr.
たとえ成績がよくても、謙虚でなければならない。

21 不管／无论…都…　～であろうと～

(1) 不管天气好不好，都要去学校上课。
Bùguǎn tiānqì hǎo bù hǎo, dōu yào qù xuéxiào shàngkè.
天気がよくても悪くても、学校へ授業を受けに行かなければならない。

(2) 他不管去哪儿，都骑自行车去。　　Tā bùguǎn qù nǎr, dōu qí zìxíngchē qù.
彼はどこに行こうとも、自転車で行く。

22 只要…就…　～しさえすれば～だ

(1) 他只要有时间，就玩儿游戏。　　Tā zhǐyào yǒu shíjiān, jiù wánr yóuxì.
彼は時間さえあればゲームをする。

(2) 明天只要不下雨，我们就能去爬山。
Míngtiān zhǐyào bú xià yǔ, wǒmen jiù néng qù pá shān.
明日は雨が降りさえしなければ、私たちは山登りに行ける。

23 只有…才…　～してこそ～だ

(1) 只有多学多用，才能学好外语。　　Zhǐyǒu duō xué duō yòng, cái néng xuéhǎo wàiyǔ.
多く学んで多く使ってこそ外国語をマスターできる。

(2) 这个问题只有校长来，才能解决。　　Zhège wèntí zhǐyǒu xiàozhǎng lái, cái néng jiějué.
この問題は校長が来てこそ解決できる。（この問題は校長が来なければ解決できない。）

24 与其…不如…　～よりもむしろ～のほうがよい

(1) 与其去旅游，不如去留学。　　　　Yǔqí qù lǚyóu, bùrú qù liúxué.
旅行に行くより、むしろ留学に行く方がよい。

(2) 与其开车去市中心，不如坐电车去。　Yǔqí kāichē qù shì zhōngxīn, bùrú zuò diànchē qù.
車を運転して市の中心に行くよりも、むしろ電車で行った方がよい。

文の空欄に当てはまるものをそれぞれ選びましょう。

1. 只要…就…　/　再…也…　/　与其…不如…　/　因为…所以…

(1)（　　　　　　）今天下大雨了，（　　　　　　）我们不去散步了。

(2)（　　　　　　）花时间去外面吃饭，（　　　　　　）在家吃方便面。

(3)（　　　　　　）有票（　　　　　　）可以进去。

(4) 这个会议非常重要。（　　　　　　）忙（　　　　　　）得去参加。

2. 只有…才…　/　因为…才…　/　一…就…　/　如果…就…

(1) 他（　　　　　　）犯了法，（　　　　　　）被抓起来的。

(2)（　　　　　　）能去中国旅游，我（　　　　　　）去西安。

(3)（　　　　　　）拿到留学签证的人，（　　　　　　）能去留学。　　*签证：ビザ

(4) 小鸟（　　　　　　）看见人（　　　　　　）飞走了。

3. 先…然后再…　/　即使…也…　/　不但…而且…　/　虽然…但是…

(1) 我们包的饺子（　　　　　　）样子不好看，（　　　　　　）很好吃。

(2) 游泳以前应该（　　　　　　）做准备运动，（　　　　　　）下水。

(3)（　　　　　　）失败，我（　　　　　　）要试一试。

(4) 这个漫画（　　　　　　）孩子们喜欢看，（　　　　　　）大人也喜欢看。

4. 就是…也…　/　尽管…却…　/　既…又…　/　或者…或者…

(1)（　　　　　　）买西瓜，（　　　　　　）买桃子，你决定吧。

(2)（　　　　　　）狮子，（　　　　　　）会有害怕的时候。

(3)（　　　　　　）他已经吃了五个面包了，（　　　　　　）还想吃。

(4) 整天玩儿游戏（　　　　　　）影响学习，（　　　　　　）影响健康。

5. 不是…就是…　/　除了…还…　/　无论…都…　/　一边…一边…

(1)（　　　　　　）是什么动物，（　　　　　　）需要水。

(2) 她经常（　　　　　　）看书（　　　　　　）听音乐。

(3) 他（　　　　　　）会弹钢琴以外，（　　　　　　）会弹吉他。

(4) 他是亚洲人。我看（　　　　　　）韩国人（　　　　　　）日本人。

6. 除了…都…　/　不是…而是…　/　越…越…　/　既然…就…

(1) 他（　　　　　　）大学生，（　　　　　　）研究生。

(2)（　　　　　　）工作已经结束了，我们（　　　　　　）回家吧。

(3) 我们班（　　　　　　）他以外，（　　　　　　）不会说法语。

(4) 空气污染（　　　　　　）严重，患病的人（　　　　　　）多。　　*严重：深刻である

A

啊	à	感嘆詞	3

B

把	bǎ	～を（～する）	3
拜托	bàituō	お願いする	9
班	bān	クラス	5
办手续	bàn shǒuxù	手続きをする	6
帮	bāng	助ける、手伝う	2
帮助	bāngzhù	助ける、手伝う	6
包（饺子）	bāo (jiǎozi)	餃子を作る	3
保重	bǎozhòng	体を大事にする	5
被	bèi	～される	9
比	bǐ	～よりも	2
笔记本电脑	bǐjìběn diànnǎo	ノートパソコン	4
比较	bǐjiào	比較的、わりと	1
比如	bǐrú	例えば	10
比如说	bǐrú shuō	例えば	11
毕业	bìyè	卒業する	11
病	bìng	病気、病気になる	6
不过	búguò	しかし	11
不要紧	bú yàojǐn	大丈夫	6
不用	bú yòng	～する必要がない	7
不好意思	bù hǎoyìsi	申し訳ない	10
不少	bù shǎo	少なくない	7

C

才	cái	たった、わずか	4
菜单	càidān	メニュー	10
餐厅	cāntīng	レストラン	1
差不多	chàbuduō	ほとんど同じ	10
常	cháng	よく、いつも	10
超市	chāoshì	スーパー	7
城隍庙	Chénghuángmiào	（観光名所）	8
吃不了	chībuliǎo	食べきれない	10
初二	chū èr	中学二年生	5
穿过	chuānguò	横切る、突っ切る	8
除了…以外，还…	chúle …yǐwài, hái…	～のほかに～も	3
春假	chūnjià	春休み	1
词	cí	言葉、語	11

D

聪明	cōngming	頭が良い	5
打工	dǎgōng	アルバイトをする	1
打开	dǎkāi	開ける	3
打算	dǎsuan	～するつもり	6
大大小小	dàdàxiǎoxiǎo	大小様々	8
大概	dàgài	たぶん	9
大家	dàjiā	みんな、みなさん	12
大三	dà sān	大学三年生	5
待	dāi	居る、滞在する	6
带	dài	持つ、付いている	3
单人房	dānrénfáng	シングルルーム	7
担心	dānxīn	心配する	6
蛋糕	dàngāo	ケーキ	3
当	dāng	～になる	11
当然	dāngrán	もちろん、当然	1
当时	dāngshí	その時、当時	9
倒霉	dǎoméi	運が悪い	9
导游	dǎoyóu	ガイド	12
到处	dàochù	至る所	2
地	de	連用修飾語に付く助詞	12
得	děi	～しなくてはいけない	9
登记	dēngjì	登録する	7
登记表	dēngjìbiǎo	登録用紙	7
等	děng	など	7
地铁	dìtiě	地下鉄	8
第一页	dì yī yè	トップページ	3
第一志愿	dì yī zhìyuàn	第一志望	5
点（菜）	diǎn (cài)	（料理を）注文する	10
电脑	diànnǎo	パソコン	4
电器商店街	diànqì shāngdiànjiē	電気街	4
电子邮件	diànzǐ yóujiàn	Eメール	12
丢	diū	なくす	9
懂	dǒng	わかる	6
动漫	dòngmàn	アニメ	3
度过	dùguò	過ごす	12
段	duàn	量詞（時間の長さ）	1
对	duì	～に対して	8
对…来说	duì…lái shuō	～にとって	12
顿	dùn	量詞（食事の回数）	10
多云转晴	duōyún zhuǎn qíng	曇りのち晴れ	3

E

欸	éi	語気詞	4
而且	érqiě	しかも、そのうえ	5

F

发	fā	出す、発送する	4
发现	fāxiàn	気がつく	5
番茄蛋汤	fānqiédàntāng	トマトと卵のスープ	10
方便	fāngbiàn	便利だ	4
方法	fāngfǎ	方法	3
放	fàng	置く	3
放假	fàngjià	休みになる	1
放心	fàngxīn	安心する	6
份	fèn	量詞（仕事など）	5
福佑路	Fúyòulù	（道の名前）	8
辅导	fǔdǎo	学習を指導する	5
辅导员	fǔdǎoyuán		
		補習指導員、チューター	5
富士通	Fùshìtōng	富士通	4

G

干杯	gānbēi	乾杯	10
干净	gānjìng	清潔だ、きれいだ	7
感到	gǎndào	～と感じる	8
感动	gǎndòng	感動する	3
感觉	gǎnjué	～と感じる	4
感谢	gǎnxiè	感謝する	12
刚	gāng	～したばかり	1
刚才	gāngcái	さきほど	9
高中	gāozhōng	高校	5
更	gèng	さらに	12
公告栏	gōnggàolán	掲示板	5
够	gòu	十分だ、足りる	10
鼓励	gǔlì	励ます	11
挂失	guàshī	紛失届を出す	9
逛	guàng	ぶらつく	8
国家	guójiā	国、国家	6
过	guò	過ごす	1
过去	guòqu	過ぎる	12
过	guo	～したことがある	5

H

还可以	hái kěyǐ	まあまあ、なんとか	1
韩国	Hánguó	韓国	7
好不容易	hǎobù róngyì	やっとのことで	12
好好儿	hǎohāor	きちんと	10
好几个	hǎo jǐ gè	幾つも	9
好久不见了	hǎo jiǔ bú jiàn le	お久しぶりです	1
盒子	hézi	（小さい）箱	3
合作	hézuò	協力（する）	6
红烧排骨	hóngshāopáigǔ		
		スペアリブの醤油焼き	10
互通	hùtōng	交換する	12
互相	hùxiāng	互いに	11
护照号码	hùzhào hàomǎ	パスポート番号	7
话	huà	話	9
欢送会	huānsònghuì	送別会	12
欢迎光临	huānyíng guānglín	いらっしゃいませ	4
换	huàn	換える	8
会	huì	～だろう（可能性を示す）	6
或	huò	あるいは	11

J

机场	jīchǎng	空港	11
机会	jīhuì	機会、チャンス	12
急	jí	焦る	9
记	jì	記す、メモする	8
记得	jìde	覚えている	3
季节	jìjié	季節	2
寂寞	jìmò	寂しい	1
继续	jìxù	継続する	2
加班	jiābān	残業する	1
家教	jiājiào	家庭教師	5
家属楼	jiāshǔlóu	家族棟	7
加油	jiāyóu	頑張る	11
价格	jiàgé	価格	1
假期	jiàqī	休みの期間	1
简单	jiǎndān	簡単だ	9
见面	jiànmiàn	会う	12
教	jiāo	教える	2
交（朋友）	jiāo (péngyou)	（友達を）作る	12
交流	jiāoliú	交流（する）	6

交流中心	jiāoliú zhōngxīn		
		コミュニケーションセンター	5
交通卡	jiāotōngkǎ	交通カード	9
教师	jiàoshī	教師	7
教学楼	jiàoxuélóu	教室棟	7
接待	jiēdài	受け付ける	9
接近	jiējìn	近い、近づく	11
结果	jiéguǒ	結果	12
介绍	jièshào	紹介する	5
进	jìn	入る	4
进步	jìnbù	進歩する	3
进入	jìnrù	入る	4
精美	jīngměi	凝っていて美しい	3
警察	jǐngchá	警察	9
就	jiù	～ならば～だ	2
就是	jiùshi	ただ～	1
觉得	juéde	～と感じる	1
决定	juédìng	決める、決定する	4

K

咖啡厅	kāfēitīng	喫茶店	7
开	kāi	咲く	2
开	kāi	開く	12
开始	kāishǐ	始まる	2
看来	kànlái	見たところ～のようだ	4
考虑	kǎolù	考慮する	10
考上	kǎoshàng	（試験に）受かる	5
可爱	kě'ài	かわいい	5
课	kè	授業	2
客人	kèrén	客	1
空姐	kōngjiě	客室乗務員（女性）	11
空调	kōngtiáo	エアコン	7
口味	kǒuwèi	味、好み	10
酷热	kùrè	猛暑	9
快	kuài	速い	6
快乐	kuàilè	楽しい	3
困难	kùnnan	困ったこと、困難	6

L

来	lái	さあ	3
来信	láixìn	手紙をよこす	4
老板	lǎobǎn	経営者	1

累	lèi	疲れている	8
里面	lǐmian	なか	9
礼品	lǐpǐn	プレゼント、土産物	8
礼物	lǐwù	プレゼント	3
理想	lǐxiǎng	夢、理想	11
连…都…	lián…dōu…	～でさえも～だ	9
联系	liánxì	連絡する	9
联想	Liánxiǎng	レノボ	4
连用	liányòng	連携する、同期する	4
练习	liànxí	練習する	2
聊（天）	liáo(tiān)	お喋りする	2
流口水	liú kǒushuǐ	涎が出る	10
留念	liúniàn	記念にする	3
留学	liúxué	留学する	1
楼	lóu	2階以上の建物、階	7

M

麻辣	málà		
		サンショウと唐辛子で出した四川料理の味	10
麻婆豆腐	mápódòufu	マーボー豆腐	10
埋怨	mányuàn	責める	5
慢	màn	ゆっくり、遅い	9
没什么	méi shénme	大丈夫、なんでもない	5
没问题	méi wèntí	問題ない	2
梅雨期	méiyǔqī	梅雨時	4
闷热	mēnrè	蒸し暑い	6
门	mén	量詞（科目を数える）	2
门口	ménkǒu	出入り口	7
名	míng	量詞（人を数える）	11
明朝	Míngcháo	（中国王朝の一つ）	8

N

哪里哪里	nǎli nǎli	（謙遜）いえいえ	10
难说	nánshuō	何とも言えない	9
能力	nénglì	能力	11
年级	niánjí	学年、～年生	2
努力	nǔlì	努力する	3
女孩儿	nǚháir	女の子	5
女朋友	nǚpéngyou	ガールフレンド	10

P

拍	pāi	（写真を）撮る	2

拍照	pāi zhào	写真を撮る	3	什么样的	shénmeyàng de	どのような	11
派出所	pàichūsuǒ	派出所	9	生活	shēnghuó	生活	3
旁边	pángbiān	そば、となり	4	生气	shēngqì	怒る	5
便宜	piányi	安い	4	生日	shēngri	誕生日	3
漂亮	piàoliang	きれいだ	2	盛开	shèngkāi	満開	2
苹果	Píngguǒ	アップル	4	十分	shífēn	非常に、十分に	3
破费	pòfèi	散財する	10	时光	shíguāng	時間、月日	12

Q

期间	qījiān	期間	12
其实	qíshí	実は	6
气	qì	怒る	9
钱包	qiánbāo	財布	9
情况	qíngkuàng	状況	1
请客	qǐngkè	招待する	10
秋叶原	Qiūyèyuán	秋葉原	4
却	què	逆に、かえって	12

时候	shíhou	時、頃	1
时间	shíjiān	時間	1
食堂	shítáng	食堂	7
十字路口	shízì lùkǒu	交差点	8
式	shì	～様式、～風	8
适合	shìhé	合う	11
手机	shǒujī	携帯電話	4

受欢迎　shòu huānyíng
欢迎される、人気がある 4

R

然后	ránhòu	その後、それから	8

让您久等了　ràng nín jiǔ děng le
お待たせしました 10

热情	rèqíng	親切である	8
热心	rèxīn	熱心だ	12
人民币	rénmínbì	人民元	9
人员	rényuán	人、～員	11
认识	rènshi	知り合いになる	10
认真	rènzhēn	まじめだ	12
日元	Rìyuán	日本円	4
容易	róngyì	簡単だ	6
如果	rúguǒ	もし～なら	6

售货员	shòuhuòyuán	店員	4
蔬菜	shūcài	野菜	10
书架	shūjià	本棚	7
暑假	shǔjià	夏休み	6
树	shù	木	2
数学	shùxué	数学	5
双人房	shuāngrénfáng	ツインルーム	7
水平	shuǐpíng	水準、レベル	11
顺利	shùnlì	順調だ	7

顺祝暑安　shùn zhù shǔ ān
ついでながら暑中のご健康をお祈り申し上げます 10

松鼠桂鱼　sōngshǔguìyú
淡水魚のあんかけ料理 10

送	sòng	送る、贈る	3
宿舍楼	sùshèlóu	寮	7

虽然…但是…　suīrán…dànshì…
～だけれども、でも～だ 10

S

陕西南路站	Shǎnxīnánlùzhàn	（駅名）	8
上班	shàngbān	出勤する	1
上海老街	Shànghǎi Lǎojiē	（観光名所）	8
上网	shàngwǎng	インターネットをする	7
上旬	shàngxún	上旬	6
谁	shéi	（反語）誰が～か	5
身体	shēntǐ	体、身体	2
什么	shénme	何か	6
什么的	shénmede	～など	10

所以	suǒyǐ	だから	1

T

台	tái	量詞（機械、設備を数える）	4
谈	tán	話す、語る	11
条件	tiáojiàn	条件	7
听说	tīngshuō	(～と) 聞いている	5
庭园	tíngyuán	庭園	8
通	tōng	～し合う、通じる	12

同学	tóngxué	クラスメート	5
偷	tōu	盗む	9

W

外语	wàiyǔ	外国語	5
玩儿	wánr	遊ぶ	12
往～拐	wǎng～guǎi	～へ曲がる	8
忘记	wàngjì	忘れる	12
位	wèi	量詞（人を数える）	10
味道	wèidao	味	10
卫生间	wèishēngjiān	トイレ	7
文化	wénhuà	文化	11
问路	wèn lù	道を聞く	8
问题	wèntí	質問、問題	9

X

希望	xīwàng	望む、望み	5
习惯	xíguàn	習慣、慣れる	1
下班	xiàbān	退勤する	1
下雨	xià yǔ	雨が降る	4
先	xiān	まず、先に	8
现实	xiànshí	現実	11
香菇菜心	xiānggūcàixīn	椎茸とチンゲンサイの炒め料理	10
相册	xiàngcè	アルバム	3
项目	xiàngmù	プロジェクト	6
消息	xiāoxi	情報	9
小笼包	xiǎolóngbāo	小龍包	8
小卖部	xiǎomàibù	売店	7
小偷儿	xiǎotōur	スリ	9
小心	xiǎoxīn	気をつける	9
校园	xiàoyuán	校庭	2
校园卡	xiàoyuánkǎ	キャンパスカード	9
新学期	xīn xuéqī	新学期	2
姓名	xìngmíng	氏名	9
修建	xiūjiàn	建てる	8
选	xuǎn	選ぶ	2

Y

延长路站	Yánchánglùzhàn	（駅名）	8
严格	yángé	厳しい	2
研究	yánjiū	研究する	11

沿着	yánzhe	～に沿って	8
要求	yāoqiú	要求	2
也许	yěxǔ	もしかしたら～かもしれない	6
一一二一茄子	yī—èr—qiézi	はい、チーズ	3
一带	yídài	あたり、一帯	8
一定	yídìng	きっと、必ず	3
一会儿	yíhuìr	少しの時間	2
一切	yíqiè	すべて	12
一下	yíxià	ちょっと（～する）	7
以后	yǐhòu	今後、～の後	1
已经	yǐjing	すでに、もう	1
以为	yǐwéi	～と思っていた	6
一口气	yìkǒuqì	一気に	9
意思	yìsi	意味	5
一些	yìxiē	少し、いくつか	8
意义	yìyì	意義、意味	12
一直	yìzhí	ずっと、まっすぐ	6
一转眼	yìzhuǎnyǎn	瞬く間に	12
阴	yīn	曇り、曇る	6
因为	yīnwèi	なぜなら、～からだ	11
樱花	yīnghuā	桜	2
影碟	yǐngdié	DVD	3
永远	yǒngyuǎn	永遠に	12
用	yòng	～で（～する）、使用する	3
游览	yóulǎn	遊覧する	8
有些	yǒuxiē	いくらか、少し	4
友谊	yǒuyì	友情	10
有意思	yǒu yìsi	面白い	8
有志者，事竟成。	Yǒu zhì zhě, shì jìng chéng.	志さえあれば必ず成功する	11
又…又…	yòu…yòu…	～だし、また～だ	9
愉快	yúkuài	楽しい	1
郁闷	yùmèn	気分がふさぐ	4
浴室	yùshì	浴室	7
豫园	Yùyuán	（観光名所）	8
远远	yuǎnyuǎn	ずっと、はるかに	11
越来越	yuèláiyuè	ますます～	11
越…越…	yuè…yuè…	～すればするほど～だ	11

Z

再	zài	また	4

在…呢	zài…ne	～している	5	中文	Zhōngwén	中国語	4
早	zǎo	早い、早く	5	中午	zhōngwǔ	お昼、正午	1
怎么办	zěnme bàn	どうしよう	11	种	zhǒng	量詞（種類を数える）	4
怎么样	zěnmeyàng	どうですか	6	种类	zhǒnglèi	種類	4
站	zhàn	立つ	4	住	zhù	泊まる、住む	7
长	zhǎng	成長する	5	祝	zhù	祈る、願う	1
招聘	zhāopìn	募集する	5	祝贺	zhùhè	祝う	3
找	zhǎo	探す	5	住宿	zhùsù	宿泊する	7
照顾	zhàogù	世話をする	10	祝愿	zhùyuàn	祈る、願う	12
照片	zhàopiàn	写真	2	住址	zhùzhǐ	住所	7
这些	zhèxiē	これら	6	抓	zhuā	掴む、捕まえる	9
这样	zhèyàng	このように、このような	5	自由	zìyóu	自由に	7
着	zhe	～している、～してある	4	自由活动	zìyóu huódòng	自由時間	8
真～啊	zhēn~a	本当に～ですね	2	最	zuì	最も、一番	4
真的	zhēn de	本当だ、本当に	5	最后	zuìhòu	最後、最後に	4
正（在）	zhèng(zài)	ちょうど（～をしている）	6	最近	zuìjìn	最近	5
正宗	zhèngzōng	本場	10	作	zuò	～とする、する	5

監　　修

布川　雅英
神田外語大学アジア言語学科教授

著　　者

青野　英美
神田外語大学アジア言語学科准教授

浜田　ゆみ
神田外語大学アジア言語学科中国語非常勤講師

改訂版
中国語 中級の一歩手前〜

2015. 3. 1　初版発行
2023. 4. 1　改訂版 初版発行

発行者　井 田 洋 二

発行所　〒101-0062　東京都千代田区神田駿河台３の７
　　　　電話　東京03（3291）1676　FAX 03（3291）1675
　　　　振替　00190-3-56669番
　　　　E-mail：edit@e-surugadai.com
　　　　URL：http://www.e-surugadai.com

株式会社　駿河台出版社

製版・印刷・製本　フォレスト

ISBN 978-4-411-03150-1 C1087　¥2300E